做更好的
自己

王秀坤 著

黑龙江教育出版社

图书在版编目（CIP）数据

做更好的自己 / 王秀坤著. -- 哈尔滨 : 黑龙江教育出版社, 2025. 1. -- ISBN 978-7-5709-4425-5

Ⅰ. G4

中国国家版本馆CIP数据核字第2024QQ0134号

做更好的自己
ZUO GENGHAO DE ZIJI

王秀坤 著

选题策划：张　凤
责任编辑：张　凤　邹　丽
装帧设计：虞　斌
出版发行：黑龙江教育出版社
地址邮编：哈尔滨市道里区群力第六大道1313号（150070）
印　　刷：天津睿和印艺科技有限公司
开　　本：787 毫米 × 1092 毫米　1/16
印　　张：9
字　　数：200千字
版　　次：2025 年 1 月第 1 版
印　　次：2025 年 1 月第 1 次印刷
标准书号：ISBN 978-7-5709-4425-5
定　　价：58.00 元

目 录

第一章　青春的模样

第二章　班级的新鲜事

第一章

青春的模样

1. 麦田守望者

学生的成长过程从来不是一帆风顺的，他们会有挫折，有迷茫，有胆怯，有逃避，这时就需要一双温柔而坚定的手，将他们从迷茫、退缩中拉回来，一起走向更好的未来。

我的学生小健是一名开朗乐观的男孩，他成绩中游，人缘极佳，但就是这样一个在我心中泰山压顶都会笑着面对的孩子，却在中考前有了做"逃兵"的打算。

我们生活在一个小县城，县里有一所重点高中，那是全县每一位中考学子都梦寐以求的地方，小健也不例外。

初四的下半年，我们会进行三次模拟考试。第一次模拟考试后，小健情绪很低落，家长给我打电话说小健要复读，坚决不参加今年的中考。为此我反复和他谈话都不起作用。大考前的时间似乎过得很快，再过三周就是二次模拟考试，如果再考不好，小健将再无考学的信心。在多次劝说无果的情况下，我只能改变策略，以他和另外几名同学体育测试成绩不达标为由，要求他们每天早自习前跑步，鼓励他们在身体能够负荷的情况下加圈跑，直至跑步成绩合格。我鼓励他们跑步结束后大喊，从而发泄掉自身的不良情绪。几天下来，学生们跑步后发出的呼喊从长音"啊"，变为"我能行"，再到"我是最棒的"！每一声呼喊都是他们逐步坚定的信念，在这期间我一直陪着他们，给他们鼓劲！

终于在第五天，小健找到了我。我记得那天天气有些热，我和他来到学校楼后的阴凉处，面前是高高的等待成熟的麦田地。小健问我："老师，我能考上一中吗？"我问他："你看这片麦子地，会成熟吗？"小健说："一定会的！"我说："你说得对！你们就像这麦子一样，已经经历了发芽、成长的过程，怎么能在收获之前放弃成熟呢？"小健看着眼前的麦田地，终于腼腆地笑了。我又紧接着和他说起了坚持的意义、克服困难的勇气和对未来的期待。说着说着，孩子噌地站了起来，大声喊道："谢谢您，老师，我一定能考上一中！"然后不好意思地跑了。

从此以后，那个开朗乐观、积极进取的小健又回来了。他仍然坚持跑步，坚持呼喊，我知道他在不停地鼓励自己。在他的带动下，每到晚自习前我们班的学生都会不约而同地来到操场，或者慢跑，或者散步，或者比赛跑步。而我也愿意在他们跑步时站在操场上看着这些即将离我而去、奔赴人生新阶段的孩子们，就像望着那一望无际的麦田，守望着希望，满眼欣喜！

2. 卑微的补偿

自卑是个人体验到自身缺点与不足而产生的消极心态。一旦某个孩子有自卑心理，那么它就会像影子一样跟着那个孩子，让他处处与他人比较，极度迫切地希望获得他人的肯定。

杨洋是个特殊的孩子，从小学开始就不参加期中、期末考试，常常低着头，说话支支吾吾，很少能够完整地表达自己。

一天放学后，我习惯性地来到教室检查门窗和电器，意外看到了正在扫地的杨洋。我惊讶地问："杨洋，你怎么没回家呀？"孩子腼腆地笑了笑，没回答我，继续劳动。我把他叫到跟前，拉着他的手问："告诉老师，怎么了，为什么不回家？"孩子偷偷地抬头，又迅速低下头去，还是没出声，想要挣脱我的手。在发现我执着地想要答案后，他才低声说道："我也想被表扬！"我疑惑地看着他，突然想起今天劳动时我表扬了积极劳动的一个学生，而忽略了同样认真劳动的杨洋。我赶紧表扬道："老师忘说了，杨洋也是认真劳动的好孩子！"杨洋笑了，鼓起勇气抬起头，又迅速低下头说："老师，我学习不好，可我会干活，我以后多为班级劳动，是不是同学们就喜欢我了？"听到这些话，我的心揪了一下，这是多么卑微的请求，这个孩子到底经历了什么？他该多么地自我否定，才会这么迫切地需要外界的肯定。我没有放开他的手，按住心中的疑虑，装作若无其事地问："为什么你觉得同学们不喜欢你？""他们笑话我什么都不会！"孩子委屈地说，仍然没有抬头，却不再试图挣开我的手。"那是他们不对，每个人都有优点和不足，你勤劳、善良、乐于助人、体贴父母，而且你也努力学习，只是快慢不一样而已，是不是？"孩子羞涩地点了点头。我又接着说："赶紧回家吧！以后不能独自留在学校。"

此后的活动中，我都会适时要求杨洋做一些他力所能及的事，并及时给予鼓励，不断强化他的自我认知。

不是每一个孩子都要长成参天大树，鲜花与小草一样装点了美好的世界。我们教师能做的就是，帮助他们看到自己的美丽与独一无二，让他们努力生长，成为更好的自己。

3. 我不是你妈

"我不是你妈！"这是一句至今都令我无法原谅自己的"恶毒"之语，而就是这样一句恶语，竟是我对一个没有妈妈的孩子说的。每每悔恨侵蚀我心的时候，我都提醒自己要做一个情绪稳定的老师。

小文是一个丧父又被母亲抛弃的孩子，我对他格外关心，为他争取到了很多的资助，足以保障他上学所需。正因为我对这个孩子的关注，也让我对他抱有格外的期待。这个孩子非常聪明，每次数学考试几乎都是满分，可是英语和语文却非常差，他非常抵触这两个科目的学习。

初四这一年面临重点高中的选拔，近两个星期，小文都不在学习状态，作业完不成，课堂提问不会，甚至测试不交卷。终于在他一天内接连几次完不成学习任务的情况下，我这个班主任也崩溃了，在办公室里冲他吼道："我不是你妈，你到底还要老师怎么对你！你太让人失望了！"看着孩子的眼泪夺眶而出，我知道我伤害了他。我陷入了深深的自责，我怎么能对一个没有妈妈的孩子说这么重的话！我也禁不住红了眼眶。办公室内我们相对无言，小文低声啜泣着，我默默地递给孩子面巾纸。等孩子平静下来后，我赶紧向他道歉，并坦诚地和他交流了思想。

我对小文说："老师对你抱以格外的期待，因为我知道你在学习中克服了很多其他同学无法克服的困难，怎么能在最关键的时候放松呢？你那么努力，又那么聪明，如果将来没有升入你理想的学校，我们都会很遗憾，是不是？"小文怯懦地说："老师，高中不是义务教育，是不是学费很贵呀？像我这样的家庭能念得起高中吗？"听了孩子的话，我才知道原来他听了同村高中生说高中学费的事，压力很大，又面临考试，所以才不能专心学习。我赶紧向孩子解释，高中也有对家庭经济困难的学生的专项资助，甚至告诉他大学有无息贷款，还有奖学金，又给他举了我上几届学生的事例。我安慰小文："你只需要足够努力、足够优秀，剩下的交给社会和学校！"听完我的话，小文终于能够专心学习了。

虽然最后我帮助小文克服了心理困难，孩子又信心十足地投入到学习中，但是每当看到孩子信任的眼神，我内心都愧疚万分，由于我的粗心，没有及时了解孩子的内心想法，武断地判断孩子的行为，即便事后及时补救，但留在孩子心底的痕迹却无法完全抹去。

这件事更是时时提醒我，要做一个情绪稳定的教师，因为我们一时的口不择言，可能会带给孩子无尽的伤害！

4. 我永远的丫头

近三十年的班主任经历使我明白一个道理，想要顺利管理班级必须取得学生家长的信任，而想要带出团结和谐的班集体，必须真正地爱护你的学生，得到他们的信服，而那些信你、服你、爱你的学生早晚有一天会在某一个特殊的节点，像你保护他们那样义无反顾地站在你的面前去维护你。

我有一名叫付洋洋的女学生，性格粗犷，初二时因为一点小事打伤了一个男孩的脸。因为需要就医，我就把两位孩子的家长请到学校说明情况。在讲述过程中，洋洋的妈妈觉得我偏袒男生，对我的调解不满意，进而言辞激烈，而作为班主任的我，也不太理解过错方家长怎么还这么理直气壮，所以与家长争执了几句。为了不与家长正面冲突，让自己平静地处理问题，我借故退出了谈话室，想调整好情绪后再与两位家长协商处理这件事。平复完情绪，调整好思路后，我回到了谈话室，而这时洋洋的妈妈却奇怪地转变了态度，不仅与男孩家长达成和解，还为刚才对我的态度道了歉。一头雾水的我送走了两位家长后，同事就迫不及待地告诉我，我一离开谈话室，付洋洋就批评了她的妈妈："你和我们班主任喊啥呀！这件事本来就是我不对。我们老师对我可好了，平时你们不在我身边，就老师关心我，你不能这样和她说话。"毫不夸张地说，听完同事的话，我瞬间热泪盈眶。那一刻我觉得为学生付出的一切都是值得的，幸福感萦绕心头。

孩子们是懵懂的，所以他们总犯错误，需要老师及时去指正。可孩子们又是纯真的，当他们发现你真的爱护他们时，他们会回报给你源源不断的温暖，足以滋养你的心灵，伴你跨越千山万水。

5. 成为他的朋友

我的班级里有一名男生，性格叛逆，课上不认真听讲，成绩很差。我批评了几回，他对我的态度就是顶撞、反驳、敌对。我非常生气，怎么办？放弃对他的教育吗？身为教育工作者的良知与责任心又不允许我这样做。

经过几天的观察，我发现他特别喜欢玩篮球，下课就抱着篮球往球场跑。我也喜欢玩篮球，于是课间的时候我装作不经意地走进他们的篮球场，调侃他们的球技不行，虚张声势地要与他们比试球技。起先他还是不搭理我，我也装作不知道。他上篮的时候，我不真的防守，让他投篮成功，以至于他经常和同学们炫耀："我的球技进步很快，老师都防不住我。"打篮球有规则，输的做俯卧撑，我就故意输给他们，也接受了惩罚。慢慢地，我们的关系改变了，不再是敌对的关系，可以说是"球友"了。"球友"之间的话题很宽泛，谈兴趣，谈社会形势，谈朋友，谈家庭，当然也谈学习，谈他存在的问题。感受到关心后，他开始默默发生变化：写作业了，上课听讲了，偶尔也能在课上回答问题了。而我也适时关注，多进行辅导和关心，及时表扬。虽然孩子的进步是缓慢的，但他通过自己的努力渐渐树立了自尊心和自信心，也在我们共同的努力下提高了学习成绩。

这件事只是我教育生涯中一件微不足道的小事，但却始终被我牢记。所谓"亲其师，信其道"，要想走入孩子的内心，必须成为他们的朋友和伙伴。试想，谁会拒绝一个知心朋友的良言相劝呢？而成为他们伙伴的方式绝不是课堂上的说教或者办公室里的面谈，我们需要找到与孩子们共同的话题和爱好，积极地陪伴与参与，真正地使自己与学生亲近起来，那时你会发现平时调皮捣蛋的孩子竟然是那么可爱！而那时的他们同样也会发现平时严厉的老师是那么亲切！于是教育自然发生，美好可爱！

6. 默默的关爱

我的班里曾经有一位叫婷婷的女孩，性格内向，品学兼优。她从小失去母亲，父亲在监狱服刑，被寄养在姑姑家里，性格敏感脆弱。

一天我和学生们在食堂吃饭，突然发现不见婷婷的身影。我赶紧回到了教室，见婷婷独自黯然地坐在自己的座位上。我走上前去问："你怎么了，怎么不去吃饭？"婷婷看见我，低下了头，支支吾吾地说："老师，我不饿！"说完趴在桌子上哭了起来。为了不伤害孩子的自尊心，我没有直接问孩子原因，而是联系了婷婷的姑姑。原来是姑姑家也遇到了困难，孩子没钱吃饭了。听到这种情况，我暗自心疼这个刻苦又努力的孩子。第二天，我悄悄为孩子交了食堂的费用，并善意地骗她，说学校为每个年组成绩第一的学生免除了食堂费用，作为他们品学兼优的奖励。此后我想办法解决了孩子初中的食堂费用问题，却一直对孩子说是她靠自己努力获得的奖励。

多年之后，已经成为一名教师的婷婷来学校看我，哭着说其实她一直都知道是老师在暗中帮助她，只是她没有能力回报，只能默默记在心里。她非常感谢老师保护了她的自尊心。现在她会像当初别人帮助她那样去帮助那些需要帮助的孩子们！

时至今日，非常庆幸当初对婷婷的关爱是悄无声息的，否则那个倔强而自尊心强的孩子可能就没有了今天。如今这份爱得以延续，是不是就是教育的美好之处！

7. 每朵花都有自己的花期

明明一直很顽皮，上课不认真听课，扰乱课堂纪律，下课经常推一下这个同学，撞一下那个同学，不服从老师的管理，还经常顶撞老师。可以说从初一到初三，他一直是令我非常头疼的存在。究其原因，他从小被溺爱，等到家长发现孩子的行为有问题时，已经管不了他了。与家长接触后我了解到，明明的父母都是勤劳质朴的农民，对孩子的溺爱是真的，现在对不听话的明明粗暴教育也是真的，导致孩子不能接受父母的变化，也无法面对自己因成绩不好、不自律而被批评的事实，以致于性格叛逆，处处与父母、老师，甚至是班规校纪对抗。我与他父母的诸多努力都没能改变孩子的状态。

直到初四那年，明明的母亲患了严重的肾病，这个孩子在了解到母亲的病情、在得到了老师和同学们的关爱后，突然就懂事了，和父亲一起担负起了照顾家庭的重任。每天早起打扫庭院，喂养牲畜，放学按时回家。课堂上不再调皮，努力学习，也愿意宽容地对待老师和同学们了。最终他考入了普通高中，成了一名合格的高中生。

　　我记得他们高二那年，孩子们一起来我家，在其他孩子高谈阔论的时候，明明默默地来到厨房陪我做饭、聊天，我在替他和他的父母高兴的同时，也不禁感叹：每一朵花都有它自己的花期！我们除了需要施肥、浇水之外，还需要用足够的耐心去守望它的成长！

8. 我的帮助让他失去了尊严

"赠人玫瑰，手有余香"是我们常听到的一句话，但如果帮助人的方式不对，玫瑰尖利的枝刺也可能刺伤别人与自己。

小宝是个让我特别忧心的孩子，他没有父亲，母亲残疾。他的母亲常常带着他到相关部门寻求救济。正因为如此，我通过各种方式筹集了小宝在学校的所需费用，包括他和他母亲御寒的衣物。我的同事都戏称他为我的"干儿子"。后来我才知道，这个称呼并不能拉近我与孩子的距离，反倒令他觉得羞耻，他觉得这个称呼时刻都在提醒他，他所拥有的一切都是别人恩赐给他的。特殊的家庭环境让孩子的心理随着年龄的增长而越来越失衡，来自原生家庭的自卑和母亲四处哭诉的行为让他觉得羞耻，他只能靠对抗全世界来证明自己的强大，包括将与自己吵架的母亲锁在门外，当堂顶撞科任老师，与同学及校外人员打架等。

随着年级的增长，小宝的问题越发地暴露出来，让老师和同学们都很头疼。这个孩子唯独对我这个帮助他的班主任还有几分温情，多数时候能够配合我的教学，并能流露出少年独有的天真。但是有一天，在处理完他与高年级学生打架的事情后，疲惫与失望的我崩溃地说出了伤害他的话："你的家庭情况已经这样，你为什么还不自强？你这样怎么值得别人去帮助你！你怎么这么不懂事，不知道感恩？"孩子听后愣在原地，没有哭，也没有出声，只是用冰冷的眼神直直地看着我。可怕的沉默在空气中蔓延，我突然意识到，我伤害了他。由于他一直保持沉默，我在独自讲了一番道理后，让他回了班级。此后，这个孩子仍然我行我素，尽管我仍然在帮助他解决生活上的困难，但能感觉到他看我的眼神不再温暖，而是带着审视与防备，冷漠且疏离。

在那之后，我多方了解后才知道，总有人（包括他母亲）拿着他被救济的事说他。我与其他人一样一面在帮助他，一面在伤害他，让孩子获得帮助时的心理由感恩变成了羞耻。青春期的孩子敏感多疑，自尊又自强，想获得大家的肯定与认可，而不是卑微地获得怜悯，否则容易导致孩子由自卑到极端自尊。所以，如果帮助学生，请用正确的方式保护好他们脆弱的心灵！

9. 迟来的醒悟

我不知道是不是每个人的教育生涯都有遗憾，我是有的。

今年春节，我迎来了一个特殊的拜年者——小鑫，我只教过他一年，但并没有留下美好的回忆。

由于工作的需要，那年的初四并班了，我担任班主任，由此接触了小鑫。他当时数理化成绩非常好，语文和英语成绩却很不理想，是重点高中分数线的边缘生。临近中考，那时的我非常急躁，忽略了教育的方法，经常在小鑫没有完成作业和回答问题错误时批评他，使这个孩子越发抵触英语学科。在没有看到孩子的进步后，我又联系了家长，希望双重的压力能够让孩子醒悟并奋起直追，相信以他学习数理化的劲头，一年之内一定能学好语文和英语。

可想而知，我的策略起了反作用，没有尊重教育规律和学生成长规律的方法注定失败，双重压力并没有改变孩子对语文、英语的学习态度，甚至由于我和家长的步步紧逼和中考时间的临近，小鑫直接放弃了对这两个学科的努力，最终考入了普通高中。自此，我们失去了联系，直到多年以后，小鑫来到了我的家里。

我看到小鑫很意外，但仍然热情地接待了他。这时的他已经参加工作，健谈又练达，我们相谈甚欢，但心中似乎都有一点芥蒂。起身告别时，他有些紧张地说："老师，见到您，我仿佛又变成了那个不听话的学生！"他整了整衣冠，严肃地说："老师，中考之后我就想对您说一声'谢谢'和'对不起'，我辜负了您的关心！"说完他如释重负而又尴尬地笑着，我却热泪盈眶，拽着他说："小鑫，我那时刚刚上班，还当不好一个老师，也许换个教育方法你就会喜欢语文和英语了，老师做得也不好！"多年以后我们师生都有所释然。

感谢我和小鑫这些年的努力和际遇，让我们都有所悟。对我而言最深的感悟就是：在新的教育形式下，教育的良药不能苦口，教育的忠言也不应该再逆耳。它应该是在和风细雨中，润物细无声。

10. 用爱点亮一盏心灯

　　小鹏这个孩子特别聪明，他轻轻松松就取得了别人刻苦学习也难以取得的成绩。但他也是不幸的，五岁时，他的父亲因为一场意外失去了劳动能力，父母离异，母亲带着他改了嫁。他的童年几乎是在父爱缺失中度过的。后来母亲又生了一个孩子，他在家里长期被忽视，性格变得孤僻，开始自我封闭，对集体生活疏离、排斥。

　　一天，一名男孩火急火燎地跑进办公室，大声喊："老师，你快去看看吧，小鹏和同学打架了，他把对方的鼻子都打出血了！"我急忙跑到操场，看到几个男生正费力地拉着小鹏，而他仍然在向被打的同学挥舞着拳头。我大声喝止了他们，但小鹏看对方的眼神还是余怒未消。经过寻问得知，事情的起因是几个同学在一起谈论自己的爸爸，其他人都炫耀自己的爸爸带自己去过哪儿玩，为自己买过什么，只有小鹏一直默不作声。一个同学取笑他说："你不是有两个爸爸吗？也和我们说说，他们都带你去过哪儿呀？"看他没有反应，就又说道，"哦，我忘了，你从小就没人管，一个爸病得不能出门，另一个爸根本就不理你，是不是？"听了他的话，小鹏二话不说就向对方挥起了拳头，把对方的鼻子打出了血。知道事情经过后，我觉得挨打的孩子有错，但小鹏的行为也不对。我让小鹏向对方道歉，他却态度强硬，始终不承认自己有错。我生气之余把他妈妈请到了学校。

他妈妈得知事情原委后，表示一定好好教育他，也和我说明了家里的情况。爸爸是这个孩子心中的痛。小的时候亲生爸爸有病，不能像其他孩子的爸爸一样带着他玩，后来母亲再嫁，继父对他总是有些疏离。小鹏有了妹妹后，看到继父对妹妹的宠爱，他时常会流露出羡慕的神情。后来他就从不在别人面前提起爸爸，性格也变得越来越孤僻。孩子的妈妈也知道孩子心中的苦，但不知道如何安慰他。了解情况后，我先平息了这次打架事件，对两个孩子都进行了批评教育，并请求家长与学校配合监督学生改正错误；又分别找了几个同学，说明了小鹏的情况，鼓励大家多关心他，而不是歧视和嘲笑他；最后我联系了小鹏的亲生父亲，建议他多亲近孩子，鼓励孩子，不要让孩子缺失父爱。慢慢地，我发现孩子脸上开始有了笑容，与同学们也不再疏离。有时我也会找机会和他聊天，问问他爸爸的情况。每当说起爸爸的时候，小鹏总是一脸幸福。孩子的变化让我动容，也让我感受到了亲情的力量。通过观察我还发现，孩子在学习上也比以前努力了，上课认真，作业完成得也很好。他表示要好好学习，不让爸爸失望，将来好照顾爸爸和爷爷奶奶。

原本以为这个孩子在周围亲人的关爱下会一直顺利地成长，但在他上初四时，他的爸爸突然病重去世，这给了他很大的打击。他不但又变得像以前一样孤僻，而且再也无心学习。我一次次地找他谈心，他表面接受，实际却依然我行我素。他妈妈也因为他不知道哭了多少次。

某个周一的早晨，小鹏没有来上学，我和他的家人四处寻找，终于在一个黑暗的网吧里找到了他。见到我们后，孩子眼睛通红，一言不发。与他的家人沟通后，我把他带到学校，严厉地问他："记不记得你答应你爸爸什么了？你这样对得起你爸爸吗？"孩子听了我的话，失声痛哭，边哭边说想爸爸了。我轻抚孩子的后背，默默地陪着他，直到他平静下来。我告诉小鹏："没有爸爸，你还有妈妈、爷爷奶奶，还有老师、同学，你还要替爸爸照顾爷爷奶奶，记得吗？"我们说着、聊着……最后，小鹏坚定地告诉我，他会履行对爸爸的承诺，不会让我们为他操心了。

此后的每一天，家人、老师、同学都不约而同地对小鹏好，似乎都心照不宣地想把他失去的爱为他补回来，他也加倍地在努力，拼尽全力地要完成父亲的遗愿。最终，孩子考上了重点高中，后来也如愿地考上了理想的大学。回想起这个孩子，我总是感慨良多，是什么支撑这个孩子实现了对父亲的承诺呢？我想，是爱！是他对父亲深沉的爱，是其他亲人对他无私的爱，是老师与同学们对他温暖的爱。而他感受到了爱，并以爱为灯，才照亮了前行的道路！

11. 你早恋了

小包的妈妈发现小包与同桌一个男孩经常用手机聊天，同学们也说他们关系很好。虽然小包并不承认自己早恋，但这一切困扰了小包。

一次考试后，小包没有考好，焦急的小包妈妈将电话打到了我这里。接到小包妈妈的电话后，我表示会处理好。因为在我眼中那个男孩虽然成绩不理想，但是品质非常好，小包更是品学兼优的好孩子，我觉得他们都很听话，所以没觉得教育有难度。

我一直在暗中观察两个孩子，想找到一个合适的时机找他们谈谈心。终于，在某个下午，我找到小包，说了我所了解的情况，并建议他们保持距离。没想到我刚一说完，小包就反应非常强烈："老师，我们没有早恋，只是关系比较好，我不觉得我们有什么需要改变的！而且老师不应该命令我们保持距离，干涉我们之间的友谊！"我也有些生气："你们就没有什么需要反思的吗？为什么家长和同学会对你们有这样的看法？""我不觉得，那是你们的偏见！"我结结实实地碰了一鼻子灰，从来没有见过小包如此固执,男孩亦是如此。看到劝说没有效果,只能还将他们的座位排在一起。

不久,又迎来了一次月考,毫无悬念,两个人都没考好。我暗自着急:这两个孩子怎么还不来找我?终于,男孩先沉不住气了,找我要求换座。我问他:"为什么要换座?"他说:"老师,同学们一直在议论我们,我们都感觉不舒服!"我接着问他:"你们商量好了吗?"男孩把藏在门背后的小包叫进来,解释说:"老师,我们真的没早恋!您要相信我们!"我看向小包,这时的她也连连点头。我笑着让他们坐下,说道:"老师相信你们之间是纯洁而美好的友谊,你们有快乐和悲伤愿意一起分享,因为对方能够体会你的心情,是吗?"他们连连点头。我接着说:"但这种情感依赖已经困扰了你们和你们的家长,也引起了其他同学的注意,那它还美好吗?最近你们坐在一起很快乐吗?老师不反对你们正常交往,若干年后,你们会是最好的朋友和同学,因为你们掌握好了男女生交往的边界!但现在那些传闻已经影响了你们学习,那么,保持距离是对朋友最负责任的选择!"两个孩子懵懂地看着我。我接着说:"老师不是强迫或者命令你们,而是给你们提建议,你们毕竟还小,老师建议你们正常交往,适当保持距离。"两个孩子都若有所思地点点头,并按照我的建议去做了,我也利用轮换座位的契机将两个孩子的座位分开,一场早恋风波落幕!

青少年的身心发展特点决定他们希望得到异性的关注,我们需要帮助学生把握好交往的度,科学地看待交往本身,同时引导他们正确处理好与异性的交往问题。

12. 罗马不是一天建成的

　　对小杰的培养绝非一日之功。这个孩子擅长体育，有集体荣誉感，但是身上也有很多小毛病，如：不爱学习，自律性差，劳动时经常偷懒，还很叛逆，听不得别人的批评。我最初关注到他是因为这孩子体育比赛中的精彩表现和他对集体荣誉的维护，之后我就刻意地寻找机会去培养他。

　　首先就是他的学习问题。以他为代表的不完成作业"专业户"们，在我用各种办法督促后反而满不在乎了，我估计他们的小心思是：反正您也不能把我怎么样！这就促使我只能另辟蹊径寻找解决的办法。我私下找他们询问不完成作业的原因，得到的回答是：书写的作业除了不会的都能完成，背诵和理解的作业有困难。了解原因后，我就分层留作业，减少他们的作业量，并每天总结表扬，终于解决了他们不完成作业的问题。

　　其次是他的纪律问题。为了杜绝他课堂的小动作，我和他约法三章：每影响课堂纪律一次，交一篇800字左右书面检讨；书面检讨满3次后就要在班会课上当众检讨，并邀请家长旁听！一听说家长旁听，他收敛了很多，渐渐地也就养成了遵守课堂纪律的习惯。

再次是他的行为习惯问题。因为他有很强的集体荣誉感，在同学中有一定的威信，我和同学们选他做了副班长。我先是让他管理站队和午睡等一些小事，教会他方法，要求他要在行为表率的前提下管理其他同学，并在他做得好时不断表扬他，从而树立他的威信。渐渐地，这个孩子树立起了副班长的自觉意识，也就越来越能约束自己的行为，成了一名合格的班级管理者。

最后是"以情动人"。当过班主任的人都知道，孩子越到要毕业的时候越懂事，他能非常敏锐地感受到老师对他的关心与爱护，也就会欣然接受老师的教育引导。在和谐的师生关系下，我常常能瞄到孩子腼腆的笑容，他想要亲近老师而又羞于表达，在他人面前对老师极力维护。

所以罗马不是一天建成的，想走进孩子内心也非一日之功，需要我们源源不断地给予正面的引导！

13. 一门三一中

　　我们当地的重点高中一中，是本地所有初中生向往的地方，而我遇到过这样一家人——他家三个孩子，每个孩子相差四岁，全都考入了一中，而我是这三个孩子的班主任。三个孩子性格迥异，但都智力超群。姐姐外向而好胜，妹妹内敛而执着，最小的弟弟贪玩而随和。作为班主任，我们要接触各种不同性格的孩子，这一家就是鲜明的代表。

　　好胜的姐姐当年学习非常努力，她总想在各个方面，尤其是成绩方面，超过我们班另一个女生。可这就像魔咒一样，无论她怎么努力，都无法超越那个孩子，于是，姐姐经常会通过闹别扭获得老师与同学们的关注。而我经常引导她公平竞争，劝她："有竞争才有动力，有竞争才能更好地激励自己。不要总看差距，要看到自己的不足，这样才能缩短差距，取得进步！"同时还肯定了她的优点，保护她的上进心，摒弃她的虚荣心，一点一点地引导她学会与同学的合作与竞争。

　　妹妹是个性格内敛但心中有数的孩子，平时少言寡语，一旦参与活动则一鸣惊人。她的自信心是一步一步培养起来的。我记得刚入学时的一次班会课上，当我请同学们上台来进行自我介绍时妹妹半举不举的小手和闪烁的眼神，在我和同学们热情的掌声鼓励下，她才勇敢地走上了讲台。这是个慢热的孩子，最初上课时从不主动回答问题，被提问获得表扬后会勇敢一点，小手半举着。慢慢地，她能勇敢地举起手，回答问题的声音由嗫嚅到清晰洪亮！这个孩子还常常带给我惊喜。比如她第一次参加校级演讲比赛，让她参加初选，只是为了锻炼她，没想到在真正的比赛过程中，她发挥稳定，情绪饱满，非常有感染力。此后，她一鸣惊人，成为我们学校大型活动的主持人，几次代表学校参加县级演讲比赛，在全县教师节大会上更是作为学生代表发言。最难能可贵的是，这个孩子不骄不躁，情绪稳定。后来高考报名的时候孩子找到我，告诉我说，她最想成为一名人民教师。而如今她已经实现了她的职业理想，成了我们教师队伍中的一员。

最让人头疼的就是弟弟，他天资聪颖，却不爱学习，常挂在嘴边的一句话就是"不用学，我也会"。虽然每次成绩公布时都被现实无情地抽打，但是每次都会低空掠过及格线。他的人生哲理就是"及格万岁"。为此我们师生没少斗智斗勇。记得中考前有一次几校联考，其他学生都在认真地准备应考，只有弟弟还是整天晃晃悠悠的，课上努力睁着"瞌睡眼"，课下生龙活虎。我假借其他事找他谈话，然后假装漫不经心地问他："这次预计能考什么样呀？"他大大咧咧地说："必须年组前十！"我故意激他："老师不信，你没考进过前十。"弟弟急了："我最近学习很努力了，老师。我姐姐们因为我最近表现不好，已经断了我的零花钱，老师，您说她们多过分！"他愤愤不平地絮叨着。于是我故意向他保证："这样吧，你要是达到目标，我去求情恢复你的零花钱。如果没有达到目标，我就告诉你的姐姐中考前都不要给你零花钱。怎么样？"弟弟惨叫着："老师，这太狠了！"我接着激他："别磨叽，行不行吧？"他惨叫着："好吧，老师，我拼了，但是您要保证说话算数，击掌为誓！"于是，我们立下了约定。

事实证明，这个小子是聪明的，一个月的时间，一下子考到了年组第八。他只是缺少动力，不太自律，才导致成绩不进不退。这个事还有个意外收获，那就是这孩子变谦虚了。因为这次考试他认真去准备了，但是仍然落后于前七名同学很远。而且考试后我告诉他，他在五校中排名一百左右，并给他看了前面学生的成绩。这件事对他触动很大，终于让他明白他的小聪明在真正的学习强者面前不值得一提，只有谦虚谨慎、认真学习、勤于思考才能在强者之列中占据一席之地。

这一家孩子都考入了我县重点高中，最渴望成功的是姐姐，最稳重的是妹妹，最聪明的是弟弟。现在姐姐、妹妹都成了老师，在南方任教，弟弟考入了理想的大学。我们每天都接触形形色色的学生，他们性格不同，发展阶段不同，成熟早晚不同，但只要是向前的、积极阳光的，那么就会像万流奔向海一样，最终走向更好的未来！

14. 总有人在偷偷爱着你

我曾有这样一个学生，她叫小晴，胖胖的，性格内向，平时沉默寡言，很少主动参与班级的活动。我注意到这个孩子是因为她个子很高，每当班级站队和练节目时，她总站在最后，这样我们也就多了交流的机会。通过相处，我了解到她非常不喜欢数理化，理科成绩一塌糊涂，进入重点高中的机会非常渺茫，为此她常常感到自卑。出于教师的责任，我时常关心她、安慰她，并鼓励她尽最大的努力去学习，别给以后的人生留下遗憾。这就像我同样也关心班里的其他孩子一样，我并没有觉得有特别之处。但这个善良的孩子一定记在了心里，所以她看我的眼神总是温暖而亲切的。

一天早晨，一个学生气喘吁吁地跑来找我："老师，咱们班早自习下课闹事了……"我不等他说完，就问："现在怎么样了？打架了吗？"学生笑着说："没打起来，您不知道小晴有多厉害，她死死地拽着打架的两个人，都坐在地上了，还拖着他们的手，不让他们打架！小晴太厉害

了！"听完他的话，我快速走进教室，看见一群女生围着小晴，原来小晴
为了拽住那两个打架的男生而抻到了手。我把小晴领到医务室，校医处置
完她的手，我问她："为什么不找值班老师处理打架的事？弄得自己都受
伤了！"小晴腼腆地看着我，胖胖的脸微红："老师，来不及了，我们
去找老师的工夫，他们就得打起来了。我们都要毕业了，他们还那么不懂
事，给您惹事！"我也看着小晴，说："那也不能让自己受伤呀！"小晴
急了："我不能让他们给您惹事，您那么忙，我不想让您生气！"一股暖
流涌上心头，这个孩子是真的关心我！这应该就是作为老师、作为班主任
的幸福之处吧！因为总有学生在偷偷地爱着你！

15. 消失的"魔法"

初一刚刚开学的时候，我就注意到了小烁，因为他的"魔法"。他会腼腆地来到我面前，笑着对我说："老师，您看这是什么？"只见他伸出的袖子口有一根棒棒糖，我笑着说："老师看看。"于是拉出一串棒棒糖，我假装意外地哄着他："哎呀，这么多！你会魔法吗？"那时的我笑着，他也笑着。

之后，这个孩子会时不时地"变"出他喜欢的零食给我，有时是一块糖，有时是一块辣条。我虽然从不吃这些东西，但我知道那是孩子满满的心意。

直到后来，他身上的问题表现得越来越突出，而我批评他的次数越来越多，我们之间的"魔法"就消失了。小烁是个特别不自律的孩子，母亲去世，父亲再婚，和爷爷奶奶居住的他缺少必要的家庭约束。他的嘴不分场合不停地说，行为上也是坐在后面招惹前座同学，坐在前面回头打扰后座同学。面对同学们和科任老师每日的告状，我经常是气得对他一通批评。随之而来的是他悔恨的泪水、短时记忆和再一次的犯错，我也是被折磨得筋疲力尽，于是，我们陷入了可怕的恶性循环，至今无解！

小烁其实是一个缺爱的孩子，他所有的行为无非就是想获得亲人和老师的关注，只是他用错了方式，长久下来就形成了习惯。而我们作为成年人同样以错误的方式回应了小烁的心理需求，同时也忽略了小烁的优点，比如他热爱劳动，为人热情，擅长演讲等。未来我和小烁还有一年的相处时间，真心希望小烁能够随着年龄的增长更加懂事，而我也要正面去引导他，强化他的优点，想方设法帮助他改掉缺点。

用放大镜去看小烁的优点，用显微镜去看他的缺点，用望远镜去看他的未来，和谐师生关系，让"魔法"再回到我们师生之间！

16. 众人拾柴火焰高

　　小森以前是我们班成绩中上等的学生，家庭情况特殊，父母离异，母亲再婚，她一直由爷爷奶奶照顾。小森的父母虽然外出打工，但时常会给我打电话关心孩子的学习情况。初四的上半年，小森的课堂表现突然发生了变化，上课总是睡觉，听课走神，作业完成情况不好。对于孩子的这一系列变化，我分别与她的父母进行了沟通，询问家里是否出现了什么情况，但都在外地的父母也不清楚原因，随之而来的自然是小森成绩的下滑。

　　此时正是初四年级，我和她的父母都心急如焚，我们知道，事情不能再这样发展下去了，否则孩子的中考将会受到严重影响。经过多方调查我们发现，这个孩子周末在奶奶家玩游戏，还接触了一些社会闲散人员，经常聚众吃吃喝喝。了解情况后，我意识到了事情的严重性，及时与孩子的父母进行了沟通，家长态度也非常明确：就是不挣钱了也要看着她。着急的妈妈更是辞职回了家，专门陪小森度过初四这一年。她的爸爸也从外地回来劝说孩子。小森感受到了父母的关爱，在父母的约束下，渐渐断绝了与社会人员的来往。

　　孩子的心思回归到学习后，又遇到了新的问题。初四正是复习阶段，由于前一段时间小淼没有学习，自然在复习过程中错过了很多知识点。这时科任老师和同学们向她伸出了友爱之手，科任老师主动询问她哪里有困难，并对她进行了一对一的辅导；在做题过程中，身边的同学也及时地为她解答疑难。就这样，在大家的帮助下，在她自己的努力下，小淼终于考入了重点高中。

　　回顾初中的最后阶段，已经参加工作的小淼总是感慨万千，她总说是大家的帮助挽救了她。是的，正是所有人的爱为小淼点亮了前行的道路，众人的帮助成就了小淼的未来。这件事告诉我们：众人拾柴火焰高，集体的力量是无穷的！

17. 干涸的心

因为地区经济欠发达、人们教育意识薄弱，作为一名农村班主任，我见过太多家庭的支离破碎，见过太多无奈的老人和失意的孩子，小军就是其中一个。

小军的父母离异后很快都重组了家庭，小军从小和奶奶以及奶奶的后老伴儿一起生活，孩子的生活质量可想而知。这就造成小军性格的扭曲——对抗一切，觉得全世界都对不起他，不服从老师的管理，顶撞老师是常事。更可怕的是小军结交了一些社会不良青年，经常夜不归宿，吸烟、喝酒、文身，最终因为受不了学校的纪律约束辍学回了家。几次家访无果后，我对小军说："老师保留你的座位，等你想通了上学的意义，随时欢迎你回来。"但我没有等到小军的归来。

中考前夕，我给小军打电话，想让他回来参加考试，这样他就能得到初中毕业证书。孩子很高兴，满口答应，并表示感谢——其实我能为他做的也只有这些了。但是考试当天我再给小军打电话，得到的回复却是他不能参加考试了，我生气地质问他为什么放弃这么好的机会。孩子在电话那头沉默了几分钟，无奈地说："老师，我也得生活呀！"原来是他打工的店老板不给他假来参加考试。我尝试和他的老板沟通，经过我和小军的共同努力，最终他参加了中考，取得了初中毕业证书。

我一方面欣慰于小军懂得了生活的不易，一方面又悲伤于这么小的孩子就懂得了生活的不易。教育者无法拯救一切待救赎的灵魂，我们能做的就是避免孩子们的心灵变得干涸。

地处乡村，特殊的家庭很多，不是每一个孩子都能得到完整的父爱和母爱，得到正常的家庭教育，但我们仍要倾尽全力去拉一把那些不幸的孩子，让他们在可以选择的年纪做出正确的选择！

第二章

班级的新鲜事

1. 人人有事做

　　班级建立之初，我总是为了班级的卫生、纪律等事务性工作焦头烂额，本着"独繁忙不如众繁忙"的初衷，我决定让这些孩子们也忙起来，让他们在提高实践能力的基础上，学会交流与合作。于是，我们的班级有了"人人有事做"的班级管理制度。

　　我将班级的分担区细分给每一个人，让每个学生都负责班级的一项卫生清理任务，这样就人人都有事做了。而每个人都做好自己的事就意味着班级的卫生有了保障，不管哪一处出现问题都可以问责专人。在发现卫生"人人有事做"取得成效后，我进一步在班级实行了其他事务的专人负责办法，如：午睡负责人、三餐负责人、绿植负责人、用电负责人、寝室卫生与纪律负责人、体操及眼操负责人等。

　　在落实好班级"人人有事做"的前提下，我腾出手来开始培养"人人有事做"的管理者，也就是班级干部。如：确定责任心强、品学兼优、有影响力的班长人选，帮他树立威信，教会他工作方法；选择一位热爱劳动、在学生中有号召力、善于思考总结的学生做劳动委员，同样教会他如何公平地进行劳动分工，如何在劳动中搭配合作伙伴，如何进行有效的监督与安全保障，如何管理劳动工具等。又接连选出了生活委员和议题委员等。总之，学校组织的每一项活动、班级管理过程中遇到的每一个问题，我们都要落实一位负责人。其中，我这个班主任需要做的就是包容负责人工作初期的失误，教会他们方法，确立他们的威信和鼓励他们的工作热情。号召班级人人有事做，人人互相支持，共同进步，从而推动整个班级的发展和学生个人综合素质的提高。

其实，我们的班级就像一个小家一样，在家庭中，每个成员全心全意地做好自己分内的事，那么这个家庭必然会和和气气，蒸蒸日上！

2. 榜样的力量

刚接手初一班级时，每个班主任都会面临一个问题，那就是学生的行为习惯、卫生习惯和学习习惯的培养。在班级初建时，卫生情况就是班级的名片，通过班级卫生情况可以侧面了解班级管理的现状。经验丰富的班主任首先要抓的就是班级卫生管理，我亦如此。但今年我用了历年的高招去规范学生卫生情况，如制定班规、组长督促、惩罚值日等，似乎都起不到作用，班级的卫生评比还是居于末尾。把我这多年的老班主任都急得没了办法！

直到有一天我走进教室，看到地面上的纸屑和糖皮，我没有批评他们，也没有指使哪个学生去捡，而是自己不动声色地把它们捡了起来。这下意识的行为引起了连锁反应，学生们纷纷低头检查自己的地面，并自觉进行了垃圾分类。事后，我找到了卫生委员，和她一起总结这件事的启示。我的小卫生委员表示："老师，我只是要求组长和同学们怎么做，自己并没有以身作则，以后我会主动和同学们一起管理好班级卫生工作！"

我也检讨自己说教得多、做得少，以后会和她一起以身作则，做保护班级环境卫生的榜样！

榜样的力量是无穷的，在我和卫生委员的带动下，在全体同学的共同维持与行动下，我们班的卫生在学校卫生评比中终于名列前茅了！我想，从我弯下身子开始，从同学们纷纷效仿开始，我们就赢了！

3. 我们的解忧信箱

由于长期从事政教管理工作，我在面对学生时是严肃的，也正是长期树立起的这个形象，让我更容易在学生中获得威信和信任。只是我们缺少一个媒介，一个师生能够打开心扉自由交流的媒介！

作为班主任和政教工作者，我常常找学生谈心，但多数时候像在唱独角戏，很难走进学生内心，这应该是很多班主任与政教工作者都会面对的难题。事实上，青春期的孩子们是非常需要共情与理解的，尤其是来自老师、家长、同学、朋友的正向引导，这些不仅会使他们不再感觉孤单，还会帮助他们克服暂时的胆怯、迷茫、沮丧、羞愧等负面情绪，进而获得积极阳光的心态、正确面对困难的勇气。那么怎么才能不着痕迹地与学生进行有效沟通，又能保护好他们的隐私和自尊心呢？

那年初三的时候，班级里处于判逆期的三个学生上课不认真听讲，下课闹事，在采用了多种教育方法都不起作用后，我找到了他们的家长，其中一个家长不理解，更不配合学校，与我起了争执，这无疑是火上浇油，将那个学生直接推到了我的对立面。这三个学生拒绝和我有效沟通，我与他们说话，他们就火药味十足，好像随时有爆破的危险。

直到偶然间我看了一本小说，这本小说给了我灵感——既然不能正面沟通，为什么不能通过写信的方式与学生交流呢？于是，我写了三封信分别交给了他们，并要求他们耐心看完。信中我谈了自己批评他们的初衷，指出了他们的错误，并就自己教育方法的不恰当向他们道了歉。第二天，看着三个孩子偷看我的表情和他们嘴角泛起的笑意，我知道我与这三个孩子达成和解了。而我们似乎也比以前更加亲近了，因为我们彼此有了小秘密。

为了扩大战果，我在班级设立了一个解忧信箱，并提前向学生普及了"私拆别人信件违法"的知识，号召大家尊重别人隐私，同时向大家说明了设立解忧信箱的目的。最开始是我给个别学生写信，学生很少回信，渐渐地我收到了学生的回信，再往后学生会主动给我写信，他们也会借助信箱互相通信，将自己平时的小秘密宣泄在纸上，我和学生似乎都找到了沟通的桥梁。虽然随着学业越来越繁忙，我们很少写信交流了，但这始终是我们班级的一个好的传统和媒介。借着解忧信箱，我们的不良情绪有了宣泄的出口，我们的秘密有了分享的地方，我们的友情有了交流的渠道。

除了设立解忧信箱，我还鼓励学生写日记，记录自己生活的点滴。微信和QQ等社交软件的广泛运用，使我们几乎遗忘了写信这个最古老的交流方式。写信和写日记不仅可以培养学生的写作能力，也能够在写的过程中，帮助学生沉淀心情，厘清思路。其实写的过程就是沉淀的过程，大多数学生在写的过程中，已经找到了问题的解决办法，获得了心灵的慰藉，找到了学习与生活的勇气与力量。

4. 让喜报飞到家长心坎里

为了更好地管理学生，改变建班之初班级一盘散沙的局面，我按照学生成绩和行为习惯的优劣将班级学生分为六个小组。为了各组之间的公平竞争，我以组内异质、组间同质为原则进行了分组。也就是组内学生层次各不相同，组间学生层次构成基本一致。这样所有的小组都在一条起跑线上竞争。小组内有组长、副组长、卫生监督员、纪律监督员、记录员等，他们各负其责，通力合作，与其他组公平竞争。而我们的记录员会交叉记录各组的课上和课下表现，每周总结，每月评出优胜小组和个人进步奖，并下发喜报到获胜学生家里。后来毕业的学生告诉我，每当家长接到喜报，都会将喜报贴在家里最显眼的地方。他们还告诉我，同一小组内的一些学生可能从来没有机会得到奖状，但是通过小组内的合作，他们获得了鼓励和认可，也就更加珍惜集体荣誉，从而为了集体荣誉而更加努力。

最初实行小组考核和下发喜报的时候，我想到了学生和家长会为此骄傲，从而调动学生学习的积极性，鼓励家长参与到对学生的管理中来，但确实没想到会达到这样的效果：学生学习积极性提高了，学生更加维护集体荣誉了，学生为了集体的荣誉能够自觉管理好自己的卫生和纪律了，家长对学校的满意度也提高了，更加配合学校的工作了。小组合作方式和喜报的发放使班级向良性方向发展。而这也给了我启示：喜报不仅要体现学生学习的成绩，还要体现学生德、智、体、美、劳等各方面的优异之处。

于是，在学校的大赛中获得奖励的学生，我会抄送喜报给家长；在班级的各项活动中表现突出的学生，我也会抄送喜报给家长。让家长看到学生在不断地成长，让喜报像快乐的鸟儿飞到家长的心里！

5. 师徒结对一帮一

"师傅来啦，快请坐！""好徒弟，现在怎么样呀？"这么热络的场景出现在他们初中毕业四年后，已经上大学的他们坐在一起，依然还是那么亲切。那么师傅和徒弟的称呼是怎么来的呢？

这还要从他们初二说起。初二那年，随着学习难度的增加，学生间的层次迅速分化，有一小部分学生跟不上学习的进度了。这种情况下，我想出了一个办法：让学生们一对一结成学习搭子，每个学习搭子的总分接近，便于进行对比和学习搭子之间竞争。刚开始大家都没有重视这件事，我经常接到师傅们的告状，不是徒弟不听话，就是徒弟不尊重他们，还有和徒弟争吵的。我花了好长时间说服教育、批评惩罚都不起作用。究其原因，是师傅没有真正地帮助徒弟，徒弟从内心里不认可师傅。针对这种情况，我把所有的师傅召集起来开会，耐心地做他们的工作，做通了师傅们的工作，事情稍微有些转变，因为徒弟们看到了师傅们是真心想帮忙的，就放下了排斥心理，但是学习方法和习惯岂是一天就能掌握和养成的。在这过程中，我在班会上有针对性地介绍了好的学习方法和学习习惯，又鼓励师傅们把自己的学习方法和习惯传授给徒弟们。

除此之外，我们还采取分层的方式进行考核，即对师傅们的考核一个标准，对徒弟们的考核用另一个标准。而留给他们的课上和课下的学习任务也是分层的，从而鼓励师傅们勇于竞争、徒弟们积极进取，给师傅们设立高远目标，让徒弟们看到点滴进步。果然班级的学习气氛越来越浓，同学间的良性竞争建立起来了。为了进一步推动学生们的学习积极性，我还每月在班级选出最佳"搭档"，从而鼓励师徒同时进步。

通过这个活动，我们的班级学习气氛浓厚，良性竞争就像鲶鱼效应一样，激活了同学们的进取心。同时通过师徒结对，加深了同学间的情谊。

6. 微信群里的表扬

　　每个孩子在父母眼里都是天使。很多父母都不愿意听老师说自己孩子的缺点，更不愿意老师将孩子的缺点通报在家长群里。而我最初就犯了这样的错误，导致与很多家长关系紧张。

　　由于地处乡村，很多父母选择外出务工，导致孩子的成长基本属于"散养"状态，一些孩子缺少家长的督促，无法按时完成家庭作业，家长也无法配合学校矫正孩子的不良行为。面对众多无法完成作业和行为有偏差且屡教不改的孩子，最初我还能耐心地说服教育，一一联系家长通报孩子的情况，但日久天长，我也失去了耐心，便直接在家长群里发布了学生的违纪情况和不完成作业情况。效果是立竿见影的，无论家长心里能不能接受我这个班主任的沟通方式，但在行为上都加入了教育孩子的行列。这也误导了我，使我一度认为这个沟通方式是正确和有效的。

　　直到有一天，我在微信群里严厉地批评了小赵同学，引起了小赵父亲的激烈反驳。原因是小赵经常不完成作业，所以我就接连地在微信群里通报他，同时要求家长下午到学校面谈解决问题。而我也想好了解决办法，那就是对小赵进行一对一辅导，并给他找了一个成绩好一点的同学带着他学习。但是家长来到学校后，根本不给我机会说解决办法，情绪很不满地指责我不应该在群里连续批评小赵。当时的我很委屈，因为自己的出发点是为了孩子们的学习，但自觉工作方法确有不妥之处，就平心静气地向家长解释自己的苦衷。

这件事给我的触动很大，为什么我做了那么多努力去督促学生学习，却没有得到家长的理解呢？直到有一天，我们班代表学校出课，同学们表现特别好，我就在微信群里表扬了他们，一个一个地叙述了他们的精彩表现，让我没想到的是，平时只会回复"收到"的家长们突然在群里热络了起来，纷纷感谢老师，并且说了很多鼓励孩子们的话。这时的我茅塞顿开——与家长和谐相处的奥秘就是在公共场合肯定孩子们的优点和长处，私下沟通孩子们的不足！

此后，我们班的微信群就成了荣誉群，每当班级里有什么喜事，我都会在群里公布，与家长一起分享我们的快乐。比如：哪个学生进步了，哪个学生取得了什么成绩，我们的班级取得了什么荣誉，还有我和学生们一起的快乐时光，我都会用照片和文字的形式传达给家长。而在发现学生的学习和行为上有偏差不得不联系家长时我会私下个别沟通。通过这个方式，我不仅获得了家长的认可，也获得了学生的喜爱，和谐了与学生、家长的关系，当然也就促进了工作的开展。

7. 生日彩蛋

　　某年的端午节，按照以往的惯例，我让每个学生带一个鸡蛋，并在上面画上鲜艳的图案，然后彼此磕鸡蛋或者交换鸡蛋表示祝福。我们班的小莲拒绝了所有要与她磕鸡蛋和交换鸡蛋的同学，我很奇怪地问她原因，小莲先是扭捏着不肯说，后来在同学们的起哄下才说那天是她的生日，鸡蛋留着给自己带来好运气。听了小莲的话，我们都纷纷祝福她，并将自己的鸡蛋送给了她。看着小莲明媚的笑脸，我意识到原来得到关注的孩子是这么高兴，连平时腼腆的小莲都笑得如此开怀。于是，我偷偷查看了学生们的档案，暗暗记下了每个人的生日，并在学生过生日那天为他们送一枚我手绘的彩蛋。我在鸡蛋上面写下祝福的话语，寄托了我对他们的期待。看着孩子们接到鸡蛋时幸福的笑脸，我也觉得非常满足。后来好多家长都告诉我，孩子们舍不得吃我送的鸡蛋，常常是放在冰箱里收藏到变质。

　　但是渐渐地，孩子们看见我给过生日的学生送鸡蛋，便纷纷效仿，而他们互赠的礼物越来越昂贵，甚至到了铺张浪费的程度。我意识到这个行为不仅造成了学生之间的攀比，还加重了家长的负担，于是马上停止了这个生日彩蛋仪式，并就这件事专门召开了主题班会课"我们的生日应该怎么过"。班会上学生们各抒己见，有的说："孩子的生日就是母亲的苦日，那天应该和妈妈过。"有的说："过生日不能铺张浪费，要节约。"有的说："要和好朋友一起过才开心。"有的说："要和老师、同学们在一起才高兴。"我问学生们："应不应该给过生日的朋友买礼物呢？用家长的钱买礼物好不好？"这时孩子们都沉默了，过了好久，才有几个学生大胆说出了自己的想法，总结起来就是：孩子们都知道不应该铺张浪费，但是看到别人买礼物了，觉得自己没买很没面子，所以才会纷纷效仿。我接着问："怎么才能既对同学表达了祝福，又不花父母的钱去铺张浪费呢？"学生们各出奇招：去送外卖，去做小时工……我提示学生们："咱们班级靠什么攒班费的？"学生们一下子恍然大悟，纷纷大声喊道："回收平时的水瓶和废纸去攒钱。"最终我们达成一致：大家一起进行垃圾分类，这样既保护了环境，也能攒钱做其他更有意义的事。我们商定每当有同学或老师过生日时，我们就用卖废品的钱为他买一个本子，由一名同学负责写下祝福语，其他同学就不再送礼物了，这样既表达了心意，又杜绝了浪费。

由生日彩蛋引发的风波就此落幕，而我们的故事还在继续。小小的彩蛋、小小的日记本寄托了我和学生们大大的祝福。

教育从来无小事，每一件事背后都有它独特的启发意义，将它们串起来就是我们未来美好的回忆。

8. 不让任何一个学生边缘化

边缘化是指人或事物的发展向主流的反方向移动和变化。学生的边缘化表现为与集体渐渐疏离，对班级的人和事漠不关心，进而产生消极和抵触情绪。如果学生成帮结队地处于班级边缘化状态，这将极大地影响班级的班风和凝聚力。

海琪由于成绩不理想，总觉得自己不如别人，处处比较，处处失利。自卑和消极的心理渐渐使他在班级中边缘化。俗话说，"物以类聚，人以群分"，海琪和其他各方面表现并不理想的同学，形成了边缘化的小群体。他们的表现是：课上不回答问题，课下不参加活动，从不主动与老师说话，不亲近同学。他们似乎成了班级的一个孤岛，游离于群体之外，孤独而倔强！看到这种情况，我暗暗着急，不能再让他们的状态这样发展下去，否则这个集体就会失去精气神，变成一盘散沙。

功夫不负有心人，我等待的契机来了。那天是班会课，又正好是海琪的生日，我决定送给他一份特殊的礼物。于是，班会课上我和学生们说：

"今天我们玩一个游戏。大家都写下自己心中好同学的几条优点，并大声读出来，但是不能说出好朋友的姓名，大家猜猜他是谁。"一听说玩游戏，大家都踊跃地参与。海琪他们虽然没有像其他同学那样雀跃，但脸上也露出了笑容。学生们一个个地发言，被表扬的同学有的感动，有的惊讶，有的不敢置信……大家的情绪都很高昂。终于说到海琪了，一个同学细数了海琪很多的优点，然后又有同学站起来表扬了海琪。当其他同学猜出海琪的名字时，我分明看到了他眼中的不可置信，当然也看到了其他被表扬的边缘化学生的感动。我想他们一定没有想到他们会是很多同学心中的好同学，更没想到他们在同学们心中原来是那么美好！

这次班会非常成功，让海琪等一些边缘化的学生看到了自己的优点，看到了自己是那么美好和重要，使他们重新找到了集体，找回了自己与集体的血肉联系。

9. 我们的棋牌室

初三下半年，由于所学科目难度加大，很多学生出现了畏难情绪，班级学习气氛一片低迷。

面对这种局面，我这个班主任绞尽脑汁，在帮助他们解决学习困难的同时，尽量用诙谐的语气与学生们交流，同时想方设法组织活动帮他们放松下来，棋类比赛就是其中之一。

一次周三的活动课上，刚经历过月考的孩子们都像霜打的茄子一样无精打采。看到他们的状态，我暗自着急。在回办公室的途中，听到一个班主任正在批评学生，因为这两个学生课间玩五子棋，引得全班观战，当时班级乱成一团，被纪律部扣了考核分。这给了我灵感，我迅速找来五子棋、军棋、围棋和象棋，拿回教室一一展示给学生们，鼓励他们来一场"棋类大战"。学生们看到这些平时不允许他们玩的棋类玩具纷纷来了兴趣，开始一对一地玩了起来，最初意兴阑珊的学生也被精彩的棋局吸引过去，一时间我们的教室变成了棋牌室。看着孩子们投入地下着棋，似乎都从萎靡中走了出来，我觉得非常欣慰。

看到棋牌室的良好效果，我每两周都会利用活动课时间，组织学生们自愿参加棋类比赛活动，使他们在紧张的学习之余稍作休息，也为开发他们的智力另辟蹊径。

学习是一个艰苦而长期的过程，需要锲而不舍的精神和坚持不懈的努力。但在这一过程中，我们还需要学会劳逸结合，需要在学习之余放松，正所谓"一张一弛，文武之道"，只有这样，我们才能在学习的道路上越走越远，越走越好。

10. 我们的接力赛一：接力赛的启示

我平时很少运动，可那年的运动会有一项特殊比赛——女班主任要带一名女生、两名男生参加跑步接力赛。这对我来说太难了！看着孩子们热情的小脸，听着他们鼓励的话语，我也在忐忑之余暗下决心：克服困难，为了孩子们拼了！

于是，运动会前两周的体育课，我都跟着参加，与接力选手商量如何接棒、如何跑、谁跑第几棒、谁多跑一点等。虽然训练的前几天腿疼得都抬不起来了，但我仍坚持每天锻炼。那段时间，我这个不太温和的老师与学生的关系特别融洽，我们奔跑、大笑、互相鼓励、彼此喝彩，会有女生突然从后面搂住我，大喊："老师！"也会有男生大声埋怨我："老师，你怎么这都做不到！"那段时间我上班时，校园里总能听到"老师早晨好"，下班也会听到"老师再见，慢点开车"，师生关系从来没有如此融洽！我们为着一个共同的目标在愉快地携手奋进！更神奇的是，那段时间，调皮的学生乖巧了，叛逆的学生听话了，性格乖张的学生温和了，高傲的学生亲切了……

　　那么，是什么使师生变得这么融洽呢？有经验的班主任都知道——是集体活动，是陪伴，是共同的愿景！掌握这一方法之后，每当班级的向心力不强时，每当学生们被学业压得喘不过气来时，每当师生关系遇冷时，甚至每当我感到职业倦怠时，都是我们进行集体活动的最好时机！精心准备、严密组织、正确引导和师生全身心投入的集体活动就像一个大熔炉，融化掉了我们当时所有的烦恼与矛盾，磨炼了意志与心性，就像我们学习长征路程中的补给站，助力我们勇敢前行！

11. 我们的接力赛二：
原来你优秀得这么明显

　　小明是我们接力赛的主力，这个平时淘气、好动的男孩子是个短跑天才，只要他上场，别人就没有拿第一的机会。可这次他"踢到铁板"了，因为要带着我这个班主任去竞争年组接力赛冠军。我的心里一直在揣测：小明一定在抱怨！但是，我错了！

　　记得那天我在班级里宣布这一比赛项目时，所有学生都沉默了，并齐齐地望向体育委员小明。我也抱歉地对大家说："对不起了，同学们，老师不擅长运动，可能要影响大家成绩了！"又是一阵沉默，小明突然腾地站起来说："老师，您想赢吗？"看见我点头，他又说道："老师，只要您和我们一起训练，我保证咱们能赢得比赛。同学们，有没有信心？"那些擅长运动的淘小子们马上呼应："有信心！我们一定能赢！"小明又看向我："老师，您能和我们一起训练吗？"看着孩子们渴望的小脸，我动容地说："好，今天开始老师和你们一起训练，咱们一起努力拿下冠军！"班级里一片昂扬的呼声！我看向小明，他也正好看向我，我们会心地笑了，我心想，这个孩子在班级的号召力原来这么强啊！

此后的训练中，小明发挥他的长处，带领我们坚持训练，不仅指导我们跑步方法，给我们讲解接力规则，还不断地强化我们胜利的信念，这孩子宛如一个小教练员，让我刮目相看：原来这个孩子优秀得这么明显！比赛时，小明不停地鼓励我，在进行战术指导的同时，还带动同学们一起喊"老师，加油"，给了我无限的力量！功夫不负有心人，在我们所有人的努力下，最终我们赢得了接力赛的年组冠军！

作为老师，我们知道每个学生都有自己的长处，我们要善于发现他们的优点，并帮助他们不断强化其优点。在发现小明的号召力之后，我任命他为我们班的副班长，为了让他能够民主公正地管理班级，我们制定了班规，并规定班长需要在遵守班规的前提下，才能行使班级管理权。此后在我的方法指导和行为矫正下，小明不仅成了我们班级和学校的运动明星，更成了一名优秀的班干部！

12. 我们的接力赛三：集体愿景的力量

集体愿景指集体成员拥有共同的梦想，承担共同的使命，形成一致的目标和追求。集体愿景是推动集体发展的内驱力。集体愿景会引领集体成员团结一致，开拓进取。正如本次接力赛，我们正是有着共同的美好愿景，才会齐心协力地赢得接力赛的冠军。

无数的事实证明，当我们有着共同愿望时，所有人的心会往一块儿想，劲儿往一块儿使，每个人都会开动脑筋想方设法地做好这件事。接力比赛中，有运筹帷幄的体育健将小明，有陪跑的小杰，有指导战术的小硕，有带伤参赛的小迪，有主动买水并做好后勤保障的生活委员，有组织啦啦队的班长……每个人都主动找到了自己的位置，做好了自己的本职工作，相互支持，亲密合作，这就是集体愿景的力量，是集体主义精神的高度体现。如果我们运用好集体愿景，就能调动学生参与班级事务、集体活动的热情，帮助他们提高合作与组织协调能力，进而将其转化为集体的力量。

　　于是，我们的班级有了班规，有了一个个需要我和学生们共同努力去实现的目标。而在实现目标的过程中，我们收获了情谊，收获了成功，同时也会收获到经验教训，从而收获成长，成为更好的自己！

13. 让书籍漂流起来

我们的班级设立了一个图书角，大多数书籍是学生语文课标设定的，但是摆放一段时间后发现学生们不怎么读。了解后得知那些书学生们大都看过，从而失去了兴趣。那么学生们到底喜欢什么书呢？经过调查得知，有的喜欢玄幻小说，有的喜欢漫画书，有的喜欢探险书，有的喜欢散文集……他们一致希望我能购进一批他们喜欢的、对他们成长有帮助的好书。那么问题来了：如何购买图书？如何让学生通过读书有所思、有所得？怎么才能培养学生良好的读书习惯？

首先购买图书的问题。我们采取了两个办法：一是利用学生们垃圾分类回收的钱买一些大家普遍都喜欢的图书，如：林清玄的散文集、《意林》杂志和一些名著。二是采取书籍漂流的方式，每个人带一本书，互相交换着看。那就意味着，学生们一下子就拥有了三十多本书。但在书籍漂流前，我和语文老师要筛选一下书籍，那些不适合学生看的不能进行漂流。

其次是让学生通过阅读有所思、有所得。我们班级的办法是每周利用星期一、星期三和星期五的晨会举办读书会，由一到三名同学介绍喜欢的书籍，包括书名、作者简介、大概内容、精彩章节分享和读后心得等。通过读书会，可以锻炼学生的语言表达能力、对书籍内容的概括能力和对文章的理解能力等。

最后是培养学生的良好读书习惯。作为班主任的我联合语文老师教会学生们如何挑选书籍、如何概括文意和如何记录精彩章节、经典语句等，让学生们在轻松的氛围中养成阅读的好习惯。

自从实行书籍漂流以来，班级的学习氛围发生了很大变化。原来有部分后进生拒绝参加班团队会，上课时也不和老师、同学课堂互动。现在的每周读书分享会，要求全体同学参与，轮流上台讲书。这些后进生也慢慢参与其中了。一开始，同学们还把想说的内容记录下来，照着纸稿读，渐渐地就会勇敢地侃侃而谈。比如我们班的小峰同学，他有着与自己一米八的个头不相符的腼腆性格，一说话就脸红，几次书籍介绍之后就能够站在讲台上自信地介绍自己喜欢的书了。班级的"淘气鬼"小烁，一开始不愿意介绍书籍，但看到身边的学生都能够侃侃而谈后，也胆怯地开始介绍起自己喜欢的书，由最开始的简单介绍书名、作者和几句内容到慢慢地可以讲解书籍写作背景和精彩片断。孩子们的变化是显而易见的，他们在讲台上慷慨陈词，阳光透过窗棂照着他们稚嫩而又富有朝气的脸庞，这就是教育最美的画面！

14. 我们的目标是星辰大海

初三是个特殊的时期，很多学生的成绩如分水岭一样出现落差，这也导致一部分学生对未来失去信心，尤其是这几次考试后，没考好的学生开始浑浑噩噩度日。这些情况我看在眼里，急在心里，迫切地希望通过什么活动帮助他们重树学习信心。

不久，机会就来了，学校举办校运动会，运动会上我亲自下项目，全程跟着参赛的学生，鼓励他们拼尽全力去发泄心中的苦闷。参赛的学生们拼尽全力，没参赛的学生呼喊助威，在拼搏、汗水与努力的交融下，我们班取得了优异的成绩。发奖状的时候我们一起喊出了班级响亮的口号：我们的目标是星辰大海！

运动会后，我开了一节庆功的主题班会，向学生们提出了一个问题：为什么我们能够打败强悍的二班，取得了初三组第一名的成绩？学生们说什么的都有，有的说是因为小明等同学跑得快，有的说是因为集体的力量大，有的说是因为老师的陪伴让大家有信心，还有的说是因为所有人都尽力了……我笑着和学生们说："老师总结了以下几个原因，大家听听对不对！一是我们有一个共同的目标，所有人都为了这个共同的目标而拼搏，是不是？"学生们纷纷点头。我接着说："因为每个人都有长处，小明和小杰擅长跑步，彤彤和雅轩的铅球扔得远，梁嘉琪和文博跳远厉害，我们是不是可以理解为树有树的挺拔，花有花的娇艳，它们各有特点和优点，对吗？"学生们似乎懂了。我又说道："还因为我们足够勇敢、足够坚持、足够团结、足够努力，我们中的很多人即使明知有可能落后也在拼尽全力，所以才取得了成功，是不是？"学生们又纷纷点头。我继续说："我们的学习也一样，受得住学习的苦，才能尝到成功的甜。守得云开见月明，是不是？大家一定要有信心，咱们的目标是什么？"学生们受到鼓舞，一起大声喊道："星辰大海！"我也喊道："没听清！我们的目标是什么？""星辰大海！"一时间学生们斗志昂扬。我压压手，让他们噤声，又说道："我还没分析完呢，我们的胜利还有一个原因！"同学们惊奇地看着我，我说："因为你们有一个仙女班主任！"同学们哄堂大笑，笑声中他们释放了压力，增强了信心。未来他们将怀揣勇气与信念，用汗水、用智慧、用努力支撑起自己的理想，一路高歌、一路欢笑，奔赴山海！

15. 班级的精气神

一个人如果没有精气神会萎靡不振，而一个班级如果没有精气神，就会如一盘散沙，难以形成良好的班风、学风和集体主义信念。

我曾接手了一个连续换了三任班主任的班级，当时班级人心涣散，各行其是，上课时全无规矩和制约；下课时全无青少年该有的朝气与活力。接手班级后，我首先想到的就是了解班级学生的情况和班级变成现在这样的具体原因，并着手恢复班级的精气神。

通过了解我知道，这个班级变成现在这样有几个原因：一是频繁地更换班主任，导致班级人心涣散，难以形成凝聚力；二是由于班级后进生群体大，惹事的学生多，使得这个班级秩序混乱，部分学生开始自暴自弃。面对这个局面，我向所有家长、学生保证我是这个班级毕业前的最后一任班主任，我会带领大家一起努力，走向理想的高中，成为更好的自己。

之后就是收服几个"刺儿头"，办法是各个击破，不让他们形成小团伙。取得家长信任后，根据学生的不同情况，动之以情，晓之以理，与严格的纪律约束相结合，暂时安抚好几个特殊学生。然后着手整顿那些浑水摸鱼的学生，全班民主制定班规，并出台奖惩措施，严格执行。同时实行"班级人人有事做，事事有人管"的任务化班级自主管理模式，这样班级的各项活动就有了秩序。

接下来是考虑如何使班级重新焕发生命力，让学生们有精气神。首先从姿态开始，要求学生坐如钟、站如松，一是为了保障学生身体的正常发育，二是使学生养成良好的听课、行走习惯。我告诉学生："我们每一个人都是班级的名片，坐卧行走和行为习惯代表的是班级，更是个体美的体现。我给大家表演，你们看看哪个好看。"我顺势像瘫软了一样趴在桌子上，然后又精神地正坐在椅子上，同学们哄堂大笑，然后都不自觉地调整了坐姿。其次是实行每日格言制度，真正地从思想上激励学生，让学生在先贤的警句中接受洗礼。还实行每日第五节课红歌制度，让嘹亮的红歌驱走学生们第五节课的困意，也让他们在歌声中一扫萎靡之势。有了这些班级活动的加持，班级学生的整体精神风貌有了很大变化。班级一改过去涣散颓废的状态。

同时，我引入竞争机制，引导学生将精力放在学习上，形成良好的学风、班风，相继在班级实行了小组竞争合作制、成长记录袋制和喜报月月送制等制度，每次月考后都进行质量分析和谈话，分层要求学生，给他们定目标、定要求、讲方法，帮助他们形成主动学习的意识，并帮助他们设立短期和长远目标等。通过这一系列的措施，班级基本形成你追我赶、勤奋好学、合作竞争和互帮互助的班风、学风机制，学生们焕发出了青少年本该有的精气神！

第二章

我们都在努力

1. 焦虑的家长

我们班级有这样一位家长，动不动就发一连串的长文和语音信息给我，让我这个本就忙乱的班主任头疼不已，但我又不能置之不理。这是我们班学生彩月的家长，经验告诉我，如果我对她置之不理，对孩子过度关心的她就会不停地纠缠我那个专心学习的学生。所以，我每次都只能耐心地与她交流，直到她满意为止。

怎么才能改变现状，让这位过度紧张的母亲放松下来，我一直在寻找合适的契机。

这一天，这位家长又出手了，因为班长在纪律上约束彩月，导致两个小姑娘发生了口角。彩月的母亲将电话打到了班长家，声称要帮助班长的父母管教孩子，然后她又愤怒地把电话打到了我这儿。

趁着这个机会，我将这位家长请到了学校。我先是向她表扬了彩月，说孩子的优秀一定是来自父母的教诲，之后讲述了事情的经过，说明了两个孩子各自的问题，最后指出了这位家长的错误：一是孩子的问题应该由孩子自己去解决，家长不要总是横加干涉，这对孩子的成长非常不利，也容易使彩月在学生中受到不公平对待。父母的羽翼固然温暖，但是孩子们总要自己去搏击风雨。二是孩子正是学习的关键时期，家长应该为孩子创造一个宁静、和谐的环境，不应该总是让孩子纠缠在琐事上，应该放大孩子的格局，让她学会包容和理解，学会与人和谐相处，只有这样孩子才能心无旁骛地去学习，发挥她的聪明才智，实现自己的梦想。最后我表示以一个母亲的身份，我可以理解她对孩子的爱与在乎，但是家长过度的爱对孩子来说会成为桎梏，阻碍孩子的健康成长，而且她不时的电话干扰也影响了我的工作节奏。听完我的话，彩月妈妈内疚得连连道歉。我又向彩月妈妈保证一定会处理好孩子之间的小问题，如果家长觉得我没处理好，完全可以来学校找我协商解决。我还告诉她要学会做一个树洞，接纳孩子的喜怒哀乐，陪伴但不误导，共情但不干涉。

其实我非常理解这位母亲，因为爱孩子是母亲的天性，世上的妈妈总想尽自己所能保护孩子的一切，但这过度的爱只会磨灭孩子的创造力，使孩子失去适应环境的能力，还会使孩子倍感压力。我们都需要慢慢学会如何做一个好妈妈，一个更好的妈妈！

2. 这个老师有点倔

　　我们班有位科任老师是一个倔老头，对学生很真诚，自己骑自行车数十公里给学生免费送教材，晨检的时间也耐心给学生讲题。

　　我和他合作十几年，在我与其他科任老师产生矛盾时，他会真诚地劝一句"流水的学生，铁打的老师"，教我如何与其他老师交流。当我与学生生气时，他会教我如何"智斗"他们。当我和家长有问题时，他会告诉我怎么保护自己又能解决问题。他绝对是一位好长者，所以有时我会戏称他为"谢老"。

　　但这个老头也有犯倔的时候：当他全心全意为学生付出却没有得到家长和学生的理解时，当他看到应该好好学习却在虚度年华的学生时，当他精心为学生准备试题却没有得到学生的重视时……这老头的倔毛病就会犯：生气—崩溃—自愈，然后又一如既往地诲人不倦。年少时不懂他，等到自己也成为一名执着的有教育信仰的老教师后，会去尊敬他、包容他、帮助他，就像他曾经帮助我一样。在他遇到问题时，我会坚定地告诉他：

"您只需要好好教课，剩下的交给我，相信我！"

班主任与科任老师需要携手向着一个目标几年，甚至几十年，一损俱损，一荣俱荣。我们的职业生涯有多少个几年呢？只有彼此携手，齐心协力，互相关心与温暖，才能让我们的教育生涯一路鲜花烂漫！

3. 严师

我们班的语文老师是一个有性格、有思想的年轻老师，对学生细致耐心，工作上有方法有力度，对不听话的学生常常恨铁不成钢，我想这种心情只有非常负责任的老师才能体会吧！

偏偏我的爱徒谭双就成了这块"不成钢的铁"。谭双非常聪明，数理化成绩全县名列前茅，但是他不喜欢文科，作文尤其不好，通常思路不清晰，语言不规范，题目格式等还不按老师要求去写。初四一模考试时竟然无视作文要求，擅自修改了所给作文题目，致使作文严重跑题。语文老师审阅后将他的作文判为0分，目的是给谭双一个教训，让他在以后的测试中能够认真对待考试，进而在中考中取得好成绩。但这样的结果无疑给了谭双当头一击，这就意味着他心心念念的年组第一没希望了。

谭双左思右想后，找到语文老师请求适当加分，保证他在年组的名次，被语文老师拒绝后又来找我，让我帮忙做语文老师的工作，否则这次模拟考试真的会名落孙山。禁不住爱徒的软磨硬泡，我只好硬着头皮来找语文老师，问他能不能给谭双一些作文基础分。听了我的话，语文老师严肃地说："这怎么能行？他这么粗心，这么无视考试要求，养成习惯的话，中考时我们能去给他求情吗？平时考试就得像中考那样去要求，学生才会适应考试规则，并严格遵守。这次给他机会，不就意味着中考时多了一份风险吗？您作为班主任不就是在纵容他吗？"听了语文老师的话，我非常汗颜，便不再为谭双求情了，转而去做学生的工作，和他讲清语文老师的初衷，鼓励孩子主动去与语文老师沟通、交流。虽然这次谭双因为作文没有考好，失去了年组第一的名次，但是从此以后，谭双对待语文学科越来越认真，成绩也是越来越好，最终以优异的成绩考上了县重点高中，我想这要归功于语文老师正确的教育方法。

大多数老师都会对学习好、听话的孩子有所偏爱，也就会更加宽容地容纳他们的错误，我对谭双就是这样。但是不下猛药，难以快速痊愈。优秀的孩子更需要挫折教育，只有这样，他们才会吸取教训，快速成长，谭双就是这样的孩子。而在这一点上，语文老师的做法是对的！

4. 我们是彼此的后方

作为学校的政教领导，我经常会协助班主任处理一些特殊的家长、学生问题，通常我会本着教育学生和对学生长远发展负责的原则，在尊重班主任的前提下，与班主任协商好处理办法，共同站在学校的角度去面对那些特殊的家长和学生。由于出发点和立场的正确，我的工作通常能得到家长的理解和班主任的配合。但是有件事却是一个例外。

小贾幼年曾经出过车祸，几乎失去生命，从那以后家长对孩子的教育就只有宠溺和纵容。家长不仅自己惯孩子，还无原则地要求学校也纵容孩子的错误行为，甚至从不关注自己孩子的问题，一味去指责老师与其他学生。小贾的母亲几乎就是我们学校的"职业校闹"。小贾在犯错误后，通常会虚心接受老师的批评教育，但是被家长一闹，我们的教育成果又荡然无存。所以老师们对这对母子非常的头疼。

这一天，小贾因为玩手机被班主任教育后，又被值班老师发现吸烟，值班老师教育他，他还顶撞老师。学校基于小贾最近的表现，经研究决定给予他家长陪读或者停课反省的惩罚。这件事本应该由班主任负责沟通，但不曾想家长却把电话打到了我这，一上来就指责我们的值班老师侮辱了他的孩子。我虽然耐心地解释了孩子的行为违反了校规班纪，但小贾的母亲表示不理解，说学校的批评和处理决定他们接受，但值班老师不能用语言去侮辱她的孩子。而据我调查，她口中的侮辱不过是值班老师的严厉喝止。再三解释无果后，我请家长来到了学校。

为了保护值班老师和班主任，我独自接待了这个家长。面对家长的种种威胁，我发现一味劝解并不能起到作用，于是义正词严地和家长说明了几点："第一，值班老师并没有打骂和侮辱学生，只是按照校规严厉地制止了学生的不正确行为，这既是合理合法的，也是对学生负责任，而且可以调取监控，不管您想告到哪里，学校都随时配合调查。第二，因为孩子身体特殊，学校已经多方容忍，班主任更是无微不至地照顾，这一点全校师生可以做证，反倒是您经常来学校扰乱孩子的正常学习与生活。第三，请您反思这样的纵容对不对？现在孩子已经初三，是不是孩子进入社会后，您还能这样护着他？请扪心自问，学校对这个孩子的宽容是不是已经达到了上线，再这样无原则地纵容下去，是不是害了孩子？"看家长的神情有些动容，我又接着说："如果您还想去闹，学校配合出证据，看讲理的地方是惩罚学校的负责任还是批评家长的失责！"家长听了我的话忙说："孩子当年的车祸，我们到现在还是心有余悸，总怕孩子受委屈或者有什么闪失。"我也缓和态度："我理解您，但是爱孩子不能溺爱，否则不是亲手断送了孩子的前程吗？而且每个老师都希望自己的学生发展得更好，您因为孩子受过伤不忍心教育孩子，还不求助于老师的帮助，反倒处处找老师的麻烦，这样对吗？我们不应该形成合力共同促进孩子进步吗？"见家长知错的表情，我又表示："别着急，小贾的班主任非常负责任，您可以和她一起商量怎么管理孩子。孩子很明事理，就是自律性差，家长如果配合老师，孩子一定会朝好的方向发展。"做好工作后，我又找来了班主任和值班老师，让家长与老师们达成了谅解，同时教育了孩子，这件事得以妥善解决。

后来班主任找到我，向我解释了将我的电话发给家长的原因，她是害怕家长不理智，她应对不了。我也坦诚地告诉班主任，可以理解，因为这个家长特殊，应该交给学校处理，但是事前要沟通，不能推卸责任。日常班级事务应该由班主任处理，一旦出现问题，学校必须做班主任们的坚强后盾。我们是彼此的后方，要互相保护！

5. 调座风波

由于地处农村，我们面临学生急剧减少、学生家庭结构复杂、学生大多是隔代教育和学困生逐年增多等特殊问题，很多孩子从上初中开始就已经是事实上的学困生了，随之而来的是这些学困生的纪律问题。所以我这个有着近三十年教龄的老班主任也犯了一个低级错误，那就是按照学生成绩分座位，这也就引起了一场调座风波。

为了给学习好的学生创造一个好的学习环境，我把他们和学困生分离开，按照学生成绩分了座位，这就导致成绩好的学生都坐在前面，成绩不好的学生都坐在后面。分完座位的第一天我就接到了家长的电话，有的与我商量调整座位，有的直接质问我调座的事情，有的威胁我要去教育局告我歧视成绩不好的学生，有的痛哭着让我不要放弃学生……不管家长们的反馈是什么样的，我都明白了一件事：这次我做错了。家长们尽管原因各不相同，但是大多数是反对这次调座的。我意识到不管学生学情什么样，不能用座位去把学生分出三六九等。于是第二天我赶紧在班级群里向所有家长道歉，声明是自己欠考虑，没有做好这项调座工作，请大家给我两天时间，两天后召开家长会，并重新调座。

两天的时间足以缓和一下家长们的激动情绪，也能让我厘清思路重新想好调座的理想方案，取得家长们的谅解。两天后，我在调座前召开了家长会，首先为自己的工作失误道了歉，又向家长们介绍了这次调整座位的计划：实行小组座位制，由一名学习成绩好的学生带三名学习中等的学生，再由三名中等生带两名学困生，学生们自由组合，实行1:3:2座位制，六个人为一个学习小组。再调整座位时也是整个小组调整，一排两个小组，前后调整，排与排之间从左到右每双周顺序串动，防止孩子们近视和斜视。家长们听完我的座位分配原则后脸上逐渐露出笑容，我又笑着和大家解释："之前确实是我考虑不周，以后工作中我一定照顾到全体学生，并乐意接受家长们的监督。家长发现任何问题及时与我沟通，咱们共同解决，因为咱们有一个共同的目标，那就是希望你们的孩子，也就是我的学生发展得更好。"通过这一系列的改动，我终于取得了家长们的谅解。

开完家长会后我单独留下了文博的家长，因为我调查得知，家长们有这么大的反应就是因为文博妈妈的带动。我先是真诚地感谢她的提醒，让我意识到了问题的严重性，接着表示："我非常理解一个单亲妈妈独自带孩子有多么不容易，您之所以对调座有想法一定是担心文博的学习，之前我考虑不周，未来一定多关注文博的状态。"文博妈妈非常感动，哭着和我说："孩子爸爸死得早，我的全部希望都在文博身上，孩子调座后几乎到了最后一排，我非常担心孩子成绩下滑，或者养成不好的行为习惯，所以才会和其他家长一起要求老师重新调整座位。"我向她保证一定会全力培养文博，她才放心地离开。

　　小小的座位，体现着大大的学问，孩子们在学习生活中的点点滴滴都牵扯着父母的心。这次事件给了我沉痛的教训，我在深刻反省自己的错误后，决定以后一定要公平公正地关心和爱护每一位学生，不放弃任何一名学生。

6. 让树长成树吧

这个世界是丰富多彩的，有烂漫的鲜花，也有坚韧的荆棘，有青青的小草，也有参天的大树。正是这些丰富多样的物种，才构成了我们美丽的世界。学生们有的就是那一棵棵苗壮成长的大树，有的则是一株株郁郁葱葱的小草，我们老师能做的应该是运用各种方法，让树长成参天大树，去做祖国的栋梁，让草长得生机勃勃，去装点美丽的世界。任何违背教育规律和学生身心发展规律的教育行为都注定失败。

心莱是一个有个性的学生，学习愿望迫切，学习方法欠缺，学习意志力不坚定，导致成绩一直处于中等。她家庭条件不好，家里还有一个妹妹和一个弟弟，据说他俩成绩都是数一数二的，父母希望心莱上完初中后就回家务农贴补家用。初四几次学校联考她成绩都不理想，加之家里的步步紧逼，心莱非常地灰心，渐渐有了不再升入高中的想法。

了解到孩子的情况，我先和心莱分析了她的情况，鼓励她为自己设定短期目标和长远目标，并坚定地朝着长远目标前进，告诉她：乾坤未定，你我皆是黑马！并和她一起寻找适合她的学习方法，逐个科目、逐个题型分析错误原因，一次次坚定她的信心。对于她父母的想法，我对心莱说："你报答父母最好的办法就是考出优异的成绩，优异到他们对你的未来足够有信心。哪一个父母不希望孩子的未来一片光明啊！你需要做的就是足够努力，剩下的交给时间！"之后我又找到心莱父母，请求他们给孩子一点时间，相信心莱会用以后人生中的无数个惊喜去回报他们的支持。父母也同意支持心莱学习，不再和孩子说泄气的话，并表示只要心莱考入重点高中，他们会一路支持孩子。最终心莱不负众望地考入重点高中，开启了她新的人生！

小杰有个缺点，就是喜欢说谎，还不肯承认错误，让老师很头疼。最初小杰的父母不相信孩子说谎，总是偏袒小杰。为了说服他的父母，我再发现小杰犯错误时就会找到证据和证人，让他们无可辩驳。小杰在学习上也自我欺骗，总觉得什么都会了，事实上只是一知半解。当然，最后的成绩证明了一切。临近初四，小杰也终于意识到了自己学业上的问题，并为此苦恼不已。因为小杰的父母始终认为自己的孩子是最聪明的，执意让小杰考重点高中。可小杰根据自己的现状，想从现在开始学习以体育特长生身份走普通高中，从而保证自己中考的顺利上岸。这样父母的期望与孩子的现状就产生了分歧。小杰找到我，请求我帮忙劝劝他的父母，看到小杰肯为自己的未来去思考和努力，我当然乐意帮忙。

我找到小杰父母，和他们分析了小杰在全县的名次，对比前几年中考的分数和孩子几次的成绩，帮助他们认清孩子的现状，并鼓励说："现在我们能做的就是多鼓励孩子，原来淘气的孩子，现在开始考虑自己的未来了，有了独立的思想，这是多么大的进步呀！你们唯一担心的是孩子现在开始练习特长，会影响孩子学习，对吗？"小杰的父母点点头，我接着说："我认为练习特长有几点好处，一是可以缓解孩子学习压力，让他在疲惫的学习之后，可以通过锻炼放松身心，让大脑休息；二是有助于锻炼身体，保证他以后有充足的体力学习；三是为自己一年之后的中考上了一份双保险；最后这是孩子自己的选择，他一定会比平时更加努力，这不正是我们都想看到的吗？"最后终于做通了小杰父母的工作，小杰如愿进入了普通高中的特长班。小杰凭借自己的实力，奔向了他自己选择的正确方向！

我想说的是，心莱和小杰都是参天的大树，也都是碧绿的小草，家长和老师都不能用自己的意愿去左右孩子的未来。我们可以在他们迷茫的时候用自己的人生经验为他们指明努力的方向，在他们遇到困难的时候做他们坚强的后盾，但更要承认孩子在不同发展阶段的个体差异。国家需要多种人才，就像世界需要纷繁的物种一样。老师和家长需要帮助孩子树立正确的职业理念，认准自己的人生目标。如果长成一棵树，就做那笔直的一棵树，如果长成一株草，就做那翠绿的一株草，向着阳光，向着美好，努力生长，成就最美的自己！

7. 铁打的老师，流水的学生

有一段时间，负责学校政教管理工作的我总是觉得有一名班主任在和我对着干：我安排向东，她一定向西；我下达的任务，她明面里不反驳，但总拖延不执行。

有一天，学校运动会彩排，她的班级排在鼓乐队的后面，是学校进行检阅的第一个班级。可是在体育老师要求他们班快步行进时，这个班主任却要求学生放慢脚步，拉长排与排之间的距离，从而更好地展现他们班学生的风采。因为学校操场面积有限，这就导致全校站在末尾的两个班级无法展开正常的检阅队形，体育老师几次劝说无果后，我将这名班主任请到了一边，批评了这个年龄比我大的老班主任的本位主义，同时劝说道："咱们必须要有大局观念，不能为了尽情展示你们班级的风采，让其他班级无法正常检阅。紧凑一些，学生能够更好地找到间距，从而使队伍看起来更加整齐，是不是？"这个班主任自知理亏，也就服从了学校的安排，但能看出来，她并没有从内心里认同我。

后来的某一天，学生会干部去她的班级检查卫生，她竟然挡在门前不让学生进去检查，还扬言说以后他们班级不接受不公平的检查。学生会干部和我说明情况后，我气愤不已，这不是在干扰学校的正常工作吗？如果所有的班主任都这样，那学校还要不要开展学生自我管理了？安抚好学生会的学生，我直接将她们班当日的卫生分记为了零分！

不久后的一次校文艺会演上，她们班级的一个学生公然违反学校规定，在文艺会演期间来回走动和大声说话，引来不少学生、老师和家长的侧目。当时的我也很冲动，当众批评了这个学生，并捎带上了班主任，问这个学生："你们班主任有没有强调活动纪律？"并命令她马上去向不远处的班主任报到。这个班主任同样批评了违纪的学生，并让她回了班级，我能看出来，班主任生气了。

这件事引起了很大的轰动，文艺会演的第二天，一位老教师语重心长地对我说："秀坤，你是领导，怎么能这样针对一个班主任呢？"我委屈地表示没有，老教师摇摇头接着说："你觉得没有，那个班主任也这样想吗？其他老师会怎么想？几件事下来，大家一定觉得你们之间有嫌隙，这还能好好开展工作吗？你是领导，是不是应该有更大的格局？咱们在一起工作就是缘分，你要知道，'铁打的老师，流水的学生'，一定要珍惜同事之间的感情，只有这样才能更好地开展工作、教好学生呀！"听完这些，我顿觉醍醐灌顶，在向老教师道谢之后，迫不急待地找到了这个班主任，真诚地向她道歉："东姐，我不应该当众批评学生，没有考虑到你的感受和对你的影响，请你原谅！以后工作中我一定讲究工作方法，不再犯类似的错误！"这个班主任当时就哭了，对我说："你一直针对我和我的班级，说话很不客气，学生都觉得很委屈。我也觉得自己工作没做好，也不太想当班主任了！"我这才意识到我笨拙、直接的工作方式伤害了一位老班主任，于是赶紧和她解释这几次事件的缘由，指出了彼此犯的错误，并表示一定改正自己的问题，在发现她的问题时也会讲究方法地指出，希望和她互相监督，一起进步！

自此以后，这件事就像警铃一样时时响彻我的脑海，班主任的工作积极性是多么的宝贵，一定要保护并珍惜；工作不能蛮干，只有讲究方法才会事半功倍；铁打的老师，流水的学生，只有珍惜同事间的情分，互帮互助，我们才能愉快地度过我们的职业生涯。和这位班主任敞开心扉地聊过之后，我们成了很好的朋友，直到现在！

8. 请您相信我

小石的父母在他很小的时候就离婚了，他从小与父亲一起生活，我自接手这个班级以来，就没见过他的母亲。没有母亲教养的孩子通常会因为父亲的疏于管教而肆意成长，小石也不例外。他天真纯朴，为人厚道，但缺少判断是非的能力，喜欢与一些不学习的孩子为伍，往往别人出主意，他就去办事。每当一件坏事发生时，挑事的人都会躲在小石背后，由小石来承担后果，而他却以为兄弟背锅而沾沾自喜，次次如此，让我头疼不已。

一天，小石在他两个"好兄弟"的怂恿下去推一位同学，结果不仅没推倒，小石的额头还撞了一个不小的包。我在处理了小石的伤之后，批评了所有参与此事的学生，尤其是先伸手推人的小石。

本以为此事会告一段落，没想到当天下午一位满脸沧桑的中年妇女气势汹汹地找到学校，我才知道这是素未谋面的小石的母亲。她气急败坏地说："你就是王老师？凭什么我们小石受伤了，你不批评别人，却骂我家孩子！这不是欺负人吗？今天你必须给我一个说法！"说完一屁股坐在了办公室的椅子上，一副不达目的誓不罢休的样子。我和颜悦色地对她说："小石妈妈，消消气，咱们第一次见面，您可能不了解事情的经过。""了不了解经过，你们也不能欺负我儿子！"说完开始大声哭起来，我连忙又是递纸巾又是倒水，一直劝她平静下来，别让孩子难过。终于，她慢慢平静下来后对我说："你说吧，老师，为什么欺负我儿子？"我把一直在旁边吓得不敢出声的小石拉到身边，对小石妈妈说："首先我没有骂孩子，只是严厉地批评了他，我没说一句人身攻击的话。当时挨批的学生不止小石一个。小石，是不是这种情况？"小石嗫嚅着点点头。我接着对小石妈妈说："事情发生了，参与的学生都有错，都需要进行批评教育，而且是小石先动的手，这一点您可以问小石，我这儿还有检讨书可以做证。如果您还不相信，我可以请那几个孩子过来问问。"小石的妈妈听完却又哭了起来。我连忙让小石先回班级，又递纸巾给小石妈妈，小石妈妈默默哭了一会儿，幽幽地说："王老师，我不是故意来惹事，我就是生气孩子不懂事，又心疼孩子，您别怪我！"我安慰她说："我也是一个母亲，知道您心疼孩子，但是小石确实需要严加管教，如果任由他发展，这个孩子会走上一条歪路。"我向小石妈妈详细地介绍了小石的表现之后，又说："小石妈妈，您看在这种情况下，作为一名班主任，我是不是应该负责任地管教他呢？我能眼看着他犯错而置之不理吗？"小石妈妈着急地说："王老师，您千万不能放弃孩子呀！我在外面打工不容易，就想着给孩子多挣点钱，供他上高中。您怎么管都行，以后我不会再来找您了！"看着着急的母亲，我赶紧安慰她："请您相信我，我一定尽全力去教育小石，帮助他！他有什么问题，您也随时可以与我沟通。""我相信您，我相信您，王老师，谢谢您！"小石妈妈不停地说。我又教她如何去教育小石，帮助孩子矫正行为习惯，最后，她安心地离开了学校。

一句"请您相信我"包含了很多，有责任，有爱心，有同情，有义务，还有老师与家长、老师与学生的缘分和绵绵不绝的情意。现在，小石已经参加工作，他的父母在经过了岁月的洗礼后，也懂得了珍惜彼此，已经复婚了。这个孩子至今还和我保持着联系，现在的小石已经是一个正直的青年了！

第四章

一家之言

1. 我们的绿色生态课堂

轰轰烈烈的基础教育改革冲击着每一位教师，要求每一位教师转变教育观念，由以教育者为中心向以学习者为中心转变，由教会学生知识向教会学生学习转变，由重结论轻过程向重结论更重过程转变，由关注学科向关注人转变。《基础教育课程改革纲要》在课程改革目标中提出，要改变课程实施过于强调接受学习、死记硬背、机械训练的现状，倡导学生主动参与、乐于探究、勤于动手，培养学生搜集和处理信息的能力、获取新知识的能力、分析和解决问题的能力以及交流与合作的能力。《中国学生发展核心素养》中的"科学精神"也要求学生们理性思维、批判质疑和勇于探究，"学会学习"要求学生们乐学善学、勤于反思、培养信息意识。建构主义学生观强调学生经验世界的丰富性，强调学生的巨大潜能。建构主义学习观强调学习的主动建构性、社会互动性和情境性。建构主义教师观强调教师是学生意义建构的帮助者、促进者，而不是知识的传授者和灌输者。而也正是课程改革的风起云涌才催生了绿色生态课堂。

绿色生态课堂是以人为本、尊重生命、激励生命的"生本"课堂；是以学生为主体，强调每一个学生的需求、欲望和意识，兼顾学生的个性发展的课堂；是学生主动学习，在自主、合作、探究的学习方式中，发展自身潜能、张扬个性、体验成功、感受生命的课堂；是学生作为主人，各种教育媒介服务于学生，并和谐统一、动态、可持续发展的课堂。

我们的绿色生态课堂有三大理念、一个模式和四个依托。

三大理念分别指以人为本、主动学习、学生做课堂的主人。以人为本的学生观就是要把学生看作是发展的人、独特的人和具有独立意义的人，尊重学生的身心发展规律，承认学生的个性差异、发展潜能和发展阶段，认可他们在教育活动中具有主体的需求与责权。主动学习是指在教师和教育媒介的帮助下激发学生学习兴趣，采取独学、对学、组学等方式主动建构自己知识体系的过程。绿色生态课堂中则要让学生在民主、和谐、参与、竞争的气氛下主动学、自觉学和比着学。在新时代教育改革大背景下，积极利用可利用的学习资源，学会主动学习尤为重要。学生做课堂的主人强调学生的主体地位，强调包括教师在内的各种教育媒介的服务学生功能，真正把时间、课堂、体验，甚至是学习成果还给学生，从而使课堂和谐、动态、可持续发展。

一个模式即"353"课堂教学模式。前面的3指上面所讲的三大理念；5指课堂展示的五个环节，即预习、互动、展示、生成、检测；后面的3指三种学习方式，即自主学习、小组学习、师生学习。

四个依托分别指小组合作、课堂评价、教学模式和学案导学。《诗经》有云："有匪君子，如切如磋，如琢如磨。"《学记》中说："道而弗牵，强而弗抑，开而弗达。"古往今来，无数的教育大家都对课堂教学提出了自己的见解，我们现在所实行的绿色生态课堂正是顺应素质教育和课程改革的潮流，积极吸取古今中外优秀教育思想而形成的，我们不唯模式唯高效。"353"更多的是一种方向、一种思想指引，老师们要根据学科实际、学生实际、课堂实际，大胆创新，不断完善，让自主、合作、探究成为高效课堂的生产力，创造充满生命力的绿色生态课堂，让每一个学生都成为课堂的主角！

2. 我的小组合作妙招

班级初建，学生没有凝聚力和合作意识。为了改变这一现状，我在运用我校实行的绿色生态课堂模式的同时，积极探索小组合作模式的构建，力图通过小组间的合作与竞争，培养团队精神，提高学生的自我管理能力，同时实行分层教学和课堂评价机制。

一、合理分组，"动""静"态管理班级

这是小组合作学习的前提。我们依据的原则是组内异质、组间同质，即组内学生的特点是各不相同的，组与组之间学生的水平、特点和能力等是大致相同的。在分组时强调男女搭配合理、思维特点互补、性格互补、优弱势学科互补、座位安排合理，从而最大限度地实现"兵教兵、兵练兵、兵强兵"的目标，真正使小组成为静态时的班级背景、动态时的集体力量。

分组的原则是逐步完善的。最初是按座位分桌，但是每天都会有学生反映：别的组学习好的多，他们组不听话的多，他们组缺一个人，等等。最终经过调查研究，借鉴其他学校的小组配备经验，归纳出了我们自己的小组分配方法，才让学生们真正把小组看成一个共同体，专注于小组内的建设和组间竞争。

二、细化规则，形成组内集体愿景

有效组织小组活动是合作学习的基础。我们采取以下办法进行：

1.组内分工。每组设有小组长，主持小组讨论，分配发言机会，协调学习进程，起到带头示范作用；设有记录员，记录小组内合作学习过程中的情况；设有报告员，搜集组内意见，组织语言，然后向全班做汇报；设有检查员，检查、督促、确认小组成员的学习情况，负责观察组员合作技巧、发言是否积极、音量是否适当、谁没有参加讨论等；设有学科带头人，带领小组内本学科的学习。学生在小组合作中的身份并不是一成不变的，学生要对自己履行职责情况进行阶段性自评和他评，然后找出不足，发扬优点。学生阶段性互换身份，在完成任务的过程中培养合作技能。

2.集体愿景。马卡连柯的前景教育理论，要想激励一个集体，首先必须形成大家共同拥有的希望与追求。当大家"心往一块儿想，劲儿往一块儿使"的局面形成时，这个团体就有了高昂的斗志、饱满的精神和勇往直前的毅力。在集体愿景这方面我们采取设立组名、组标志、组目标和组口号的方式，让学生们明白小组的共同愿景是什么，从而协作共赢。并辅以班规、组约的规范，实行奖惩。

3.动态管理。不管是组间分组还是组内分工都要实行动态管理，在小组内一段时间的磨合与协作之后及时发现问题并进行微调，使组内合作和组间竞争达到最优化。但不宜经常性地变动，会影响集体凝聚力的形成。

张硕是个特别不自律的孩子，但是当他在组内被分配了记录小组学生情况、监督本组卫生状况的任务后却相当地认真、负责，在组长和其他组员的帮助下，更是能将小组荣誉看得高于一切，同时能够自觉严格要求自己，捍卫小组荣誉。

三、传授策略，发挥组员主观能动性

1.学会倾听。听出别人发言的重点，做出判断，有自己的补充或独到的见解，这样学生不但养成了专心听的习惯，而且培养了相互尊重的品质。

2.学会讨论。合作学习中，学生在独立思考的基础上，再通过共同讨论、相互启发，达到合作的目的。

3.学会表达。老师要提供讨论的时间和空间，使学生敢说、会说，培养学生善于倾听、思考、判断、选择和补充别人意见的好习惯。我要求小组成员人人都说，而且要能大胆完整地说，要鼓励他们礼貌用语。

4.学会组织。具体做法是：指导组织者进行组内分工、归纳组内意见、帮助别人评价等。另外，为了体现小组内的主体性，可定期培训，及时更换组织者。

方法的传授和小组的建设是循序渐进的，也是在不断完善和发展的。如：组长和副组长负责组内发言和表达，但是一旦本组的后进生能够在其他组员的帮助下勇于发言，那么该小组的加分是成倍的，这也体现出分层次教学的理念。

四、明确步骤，小组合作竞争有法可循

1.学案导学，主动自主构建。

2.目标明确，任务分工细化。

3.抓住契机，合作内容有效。

4.教师参与，适时调整指导方法。

5.问题设计，趣味发散启发。

6.关注结果，强化反思评价。

俗话说，教无定法，相信我们每一位班主任、每一位教师都有自己独特的教育教学方式，从而引领学生成为更好的自己。我们的小组建设的成功在于班级没有死角，全体学生参与，能够形成班级的整体合力，对建设良好班风和学风有很大促进作用，这是我在教学上的妙招。

3. 课堂评价——激趣促学的撒手锏

每个学生都渴望被老师正确评价，都希望老师和家长看到自己的努力，这是一种正常的心理补偿效应。合理运用课堂评价不仅能够达到这个效果，还能起到持续强化学生的学习行为、激发学生学习兴趣的作用。所以我一直坚持合理使用课堂评价，不仅将评价运用于知识领域，还积极地将对学生的合理评价延伸到智力能力领域和情感态度领域。本着客观性、发展性、整体性和指导性的评价原则，我一般采取以形成性评价为主，总结性评价、诊断性评价和个体差异评价为辅的评价方式。

第一，建立健全小组评价机制，要求组内有公约，做事有规范，"公约"和"规范"是学生和老师所遵循的法则和要求，与全体学生共同商议后形成，主要对学生如何积极参与、如何互动、如何自我管理等方面做出基本规范和要求。

第二，分级多元评价相结合。对每位成员的学习有同伴评价、学科长评价、小组长评价，还有班级学科代表评价，再加上学科教师评价，从而监督和保障每位学生的学习效果。同时研究多样化评价方法，激活学生学习内因，满足不同程度学生的发展需要。可采用即时评价、同伴评价、小组评价，做到课堂学习的随机评价与定期评价相结合，小组自我评价与小组互评、教师评价相结合，小组成员自评与互评相结合。在小组合作学习过程中，逐步引导学生加深对合作学习的理解，培养学生的合作意识与合作技能。使学生由"要我合作"变为"我要合作"。

第三，实行评价分层，从基础看成绩。每个学生都是一个完整的个体，具有鲜明的个性，在心理、生理、习惯、能力等方面都存在很大差异。在每个班级中，都存在一定数量的学习较差的学生，对于这部分学生，我们要格外关注，要采用个性化指导方案，分层进行评价，运用韦纳的成败归因理论，引导学生正确对自己的努力进行归因，并增强其自我效能感。

分层评价的作用是立竿见影的。学生的发展阶段不同，身心发展不平衡，智力水平和学习基础更是千差万别，有些学习任务他们是无论怎么努力也无法完成的，那么他们努力的结果就是迎接一次次的挫败。分层评价的前提是分层教学和分层布置任务，当学生发现他们踮踮脚就能够到知识的果实时，自然就激发了他们学习的积极性。我的分层评价还包括：同一道题组长和副组长答对加分一致，而后进生答对同一题目则双倍加分。

第四，实行个人五星评价制，即每节课评出管理之星、合作之星、进步之星和精彩之星，并在每周、每月和每学期评出班级之星。对学生进行即时评价可以激发学生学习兴趣，有效引起学生的竞争意识，所引入的竞争机制将有助于保持学生的进取心和集体荣誉感。

进步之星和合作之星的设立是非常正确的，进步之星的设立为中等学生和后进生打开了进步之门，让他们在自己的能力水平上，获得了进步和努力的力量与勇气。

第五，实行周、月、学期和学年总结制。做好"四清"，即堂堂清、日日清、周周清、月月清，从而养成良好的学习习惯。当代行为心理学研究表明，一种行为重复二十一天就会形成初步的习惯，重复九十天就会形成稳定的习惯。我们的小组评价分为课、日、周、月、学期和学年，九十天正好是一个学期，对学生的习惯养成具有重要意义。同时为了进一步使习惯固化，我们力争做到周周插红旗、月月有喜报、年年有评价，以此激励学生不断进步。

第六，坚持鼓励性评价为主，使用语言、肢体动作等对学生进行鼓励。运用皮格马利翁效应，对学生报以永远的期待，相信学生会按照所期待的发展。

第七，小组评价始终跟踪进行，运用表现性评价、成长记录袋、量表评比和自我评价等方法对学生进行同学间评比、组间评比和不同期自我评比，并适时优化各项评价措施，从而保证小组评价的和谐、可持续发展。

正确地评价学生所起到的作用通常是我们意想不到的，它不仅会给予学生惊喜，也会给老师带来惊喜与期待，让老师们看到学生的进步与发展，这应该也是老师们不断挖掘学生潜力、调整自己的教育教学行为的不竭动力吧！

4. 构建生本课堂，提高课堂效率

《学记》有言："道而弗牵，强而弗抑，开而弗达。"童第周先生说："天才就是强烈的兴趣和顽强的入迷。"爱因斯坦也曾强调："学习和掌握研究问题的思路和方法比单纯掌握知识更为重要。"这些先贤都从不同角度揭示了提高学习效率的方法。那么在现代教育体制下，我们又该如何提高课堂效率呢？新课堂教学改革要求教师要做到以下几个转变：由关注学科向关注人转变；由以教育者为中心向以学习者为中心转变；由教会学生知识向教会学生学习转变；由重结论轻过程向重结论更重过程转变。基于这几个转变，我认为提高课堂效率有以下几个途径：

一、追求卓越，终身学习，师生教学相长

教师与学生是学习的共同体，当追求卓越成为师生的生命之自觉时，终身学习会自然地发生。师生也必然会在教与学的过程中教学相长。而其中教师的榜样作用尤其重要，所以教师除了要有胜任教育教学工作的学识，言行雅正外，还要终身学习，勤于反思，恒于研究，重视沟通和勇于创新，树立与素质教育相适应的教育观、学生观和教师观等。具有这样素质的教师必将滋养学生们求知的心灵，从而使课堂上的教与学自然发生，良性推进。

二、德育为先，学科整合，聚焦核心素养

古有云："小成靠智，大成靠德。""立德树人"是我们教育的根本任务，教师在课堂教学过程中应渗透德育教育，注重学科整合，尤其是通过学科渗透当前青年学生所急需的与当今社会相适应的人生观、价值观等。同时，教师在各种课堂教学中要自觉指向中国学生发展核心素养，聚焦各学科素养，从而使课堂教学焕发生命力。如果说课堂教学是教育教学工作的主阵地，那么学科课堂教学与思想道德教育的整合就是素质教育的必由之路。只有这样才能培养兼具爱国情怀与国际视野的全面发展的人。

三、善用媒介，创设情境，改变教学方式

教育信息化2.0和《中国教育现代化2035》都对现在的教育提出了信息化和智能化的新要求，这就督促我们重新整合教学资源，改变教学方式。教育信息化2.0与《中国教育现代化2035》从国家政策导向和技术支持上为我们的智能化教学提供了可能。可以说新媒体时代汇聚了无数的教育资源为我们所用，这也就要求我们课堂教学的输出方式要相应随之改变。那么如何善用教学媒介使课堂容量与课堂的效率最大化，如何创设课堂教学情境，活用校内外教学资源、寓教于乐，是我们所面临的新挑战。

四、优化策略，尊重主体，自主合作探究

此处说的策略指的是教学的基本环节。

首先是备课。备课指师生双方对课堂教学内容的准备工作。"凡事预则立，不预则废"，教师的备课包括备课课程标准、备教材、备教法、备学生、备学法，而建构主义认为学生上课前不是空着脑袋进入课堂的，教师的备课和课前任务安排就是建立起学生新旧知识的联系，将学生现有的知识作为新知识的生长点，引导其自我建构，培养自主学习能力。

其次是合理使用教学模式。我一直使用的是353教学模式。前面的3是三大理念：以人为本、主动学习、学生做课堂的主人。5是五个课堂环节：预习、互动、展示、生成、检测。后面的3是三种学习方式：自主学习、小组学习和师生学习。同时353教学模式还有四个依托：小组合作、课堂评价、教学模式和学案导学。小组合作采取组内异质、组间同质的分组方法，力图达到组间竞争和组内互补的目的。组内分工明确，有集体愿景，实行动态管理，真正地使小组成为静态时的班级背景、动态时的集体力量。

再次是面向全体学生，因材施教，分层教学，鼓励个性发展。我们应该认识到学生是发展的人、独特的人、具有独立意义的人，承认学生的发展阶段、身心发展规律和个性差异、发展潜能，认可他们在教育活动中具有主体的需求与责权。这就要求我们教师在课堂教学中要根据学情遵循直观性原则、启发性原则、巩固性原则、循序渐进原则、因材施教原则等，辅以不同的教学方法，发挥学习材料的整体功能，灵活与创造性地进行教学活动，提高课堂效率。

五、师生反思，除弊兴利，提高学习效率

美国心理学家波斯纳提出了一个教师成长公式：成长=经验+反思。我国教育家叶澜指出："一个教师写一辈子教案不一定成为名师，但是写三年反思就有可能成为名师。"教学反思可以帮助教师从每天都在进行的教育教学行为中发现自身的问题，并提出解决问题的方案和提升自身的专业化水平。终身学习的时代已经到来，在读书、实践、思考、反思成为教师的精神自觉的同时，教师也要引导学生养成反思的习惯。教师的反思可以是教学体会、教学机制、教学反馈和再教设计。学生的反思可以是一节课、一道题、一个知识点和一件事的反思，他们可以通过错题本、日记、成长记录袋等方式呈现。从而使师生都能够最大限度地除弊兴利，提高学习效率。

课堂教学是学校教育教学工作的中心环节，提高课堂效率是教师们追求的永恒目标。作为新时代的教育者，我们不但要教会学生知识，还要教会学生学习方法。我们要坚定信念，厚植爱国情怀，增长知识和见识，不断探索课堂教学的新路径，培养有理想、有本领、有担当的时代新人。

5. 师爱的智慧

苏联教育家苏霍姆林斯基曾说过，教育的全部奥秘就是如何热爱儿童，让每个孩子抬起头来走路。我国教育家夏丏尊也说过，教育中没有爱，就像池塘中没有水一样。可见热爱学生是我们教师师德的基石。而现代教育形式又告诉我们，我们所面对的学生不再是一个个只等待灌满水的空瓶子，而是一扇扇等待敲启的大门。所以，面对千变万化的教育现状，面对千差万别的学生，我们仅仅有师爱是不够的，还要有师爱的智慧。

师爱是理性

美国心理学家弗洛姆说过，教育的对立面是控制。于我们老师而言，教育的对立面就是忽视学生的成长规律，用我们所感知的行为标准去约束学生的行为，也就是强制关爱。

我曾经经历过这样两件事，一件事是某年我接手一个初三班级时，发现了一名数理化非常好而英语很差的男孩。基于英语教师的责任感和爱护他的心理，我上课时频频提问他，对他的要求也格外严格，希望他能在短时间内迅速提高英语成绩。这个孩子不接受这样的关爱，问我："老师，你为什么看不上我？"面对孩子的责问，我才意识到教育的失败。第二件事可能很多老师都曾经经历过。我有一名优秀的学生，成绩好，语言表达能力强，几次代表全县学生发言，作为老师，我们都喜欢这样的孩子，所以，好的机会也会多为他们争取。可恰恰就是这个被我深爱的学生，在上高中后的某天，迎面碰见我，竟视若无睹地走过去。那一瞬间，我也备尝教育失败的酸涩。但反思事情本身，难道不正是我们所给予学生的不理性、不公正的师爱造成了他们对爱的扭曲的认知吗？所以在之后的教育中，我都恪守公平、民主、理性的原则，不偏袒、不溺爱、不歧视、不忽视！

师爱是宽容

学生有他自身的发展规律，所以成长过程中出现问题是必然的，面对问题时我们需要有春风化雨的宽容。正如苏霍姆林斯基所说，有时宽容引起的道德震动比惩罚更为强烈。但宽容并不意味着纵容。所以在宽容地对待学生的前提下，我们要有明确、具体和合理的制度，并严格执行，使学生通过学习规范逐步形成优秀的品质，养成良好的习惯。

师爱是尊重

尊重学生是个老生常谈的话题，但在我们日常教育生活中却常常被忽视。作为一名班主任，我就有这样深刻的体会。

有这样一个孩子，让我至今难忘。这个孩子很聪明，但家庭特殊，父亲在狱中服刑，母亲为社会闲散人员，这个孩子的家庭教育是缺失的。但也正因为他的家庭情况，这个孩子的自尊心非常强。只要提到敏感问题，他马上就会变成一名"战士"，激烈地去维护他的尊严。所以面对他时，我格外小心，以免伤害孩子的自尊心。我平时与他交流多是谈优点，多鼓励，用制度去约束他，并在生活中尽力去帮助他。但我所做的一切却没能挽留住这孩子，他辍学时留给我一封信，其中有这样几句："我受不了别人怜悯或者歧视的目光。老师，谢谢您！等我成功了，我回来看您！"看到这封信，我百感交集。

孩子的心是敏感的，就像荷叶上的露珠，稍不注意就会滚落。尊重他们，并引导其他人尊重个体的存在，是我们教师义不容辞的责任。有一句话说："我虐学生千百遍，学生待我如初恋。"说的是那些可爱的孩子们，能够感知到老师对他们的爱，无论这份师爱是严格的，还是温情的。所以，为了他们的信任，我们真的需要在爱的前提下，去尊重他们的人格、差异、兴趣，甚至隐私，进而因材施教！

师爱是欣赏

我们生活的世界既需要参天的大树，也需要柔嫩的小草，它们都有其存在的价值。正如每个学生都有各自的特点，作为教师，我们要善于去寻找他们的优点。罗丹说过，世界上不缺少美，只是缺少发现美的眼睛。我就曾经历过这样一件事。

这个孩子家是种田大户，家境优越，据说三代单传，孩子在家很受宠，在外经常惹祸。初三时他的行为更加乖张，打架、抽烟、谈恋爱。父母担心孩子以后难管教，便有意让他辍学，回家子承父业。我觉得可惜，因为他特别聪明，而且他的朗读水平、表达能力都很强。就在他要辍学的那段时间，学校组织演讲比赛，我便鼓励他去参加。果不其然，他获得了年组第一名的好成绩。有了成绩，孩子便对自己有了信心。那一年县里又组织各校参加城乡文艺会演，多才多艺的他代表学校参赛，又获得了很好的成绩。成了学校的"名人"之后，他开始找到了努力的方向，对自己的行为有了严格要求，也能安心学习了。最终，这个孩子顺利考入一中，现就读于北京电影学院。

回顾这件小事，我想到了很多：如果我们看待每一个孩子，睁大眼睛看优点，眯着眼睛看缺点，那么那些缺点多于优点的孩子，他们的可爱之处也许就会不断显现出来。如果这样能使他们更加自信、活跃，我们何乐而不为呢？作为老师，我们要"目中有人"，争做伯乐。陶行知先生告诫我们说："你的教鞭下有瓦特，你的冷眼里有牛顿，你的讥笑中有爱迪生。"所以我们不应吝惜激励性评价，经常说"你真棒""你还能做得更好"……要让学生感受到"老师在欣赏我""老师在期待我"。只有这样，才能让学生感受到我们的爱，才能达到教育的目的——促进学生个性的张扬，才能使我们的教育获得无限生机。

智慧的师爱永远是教育的根基，有了这样的根基，学生在学习的高峰下攀登起来才会身轻步健；有了这样的根基，教师才能种植出桃李芬芳；愿我们每位教师都能带着理性、宽容、尊重、欣赏的师爱去爱我们的学生！

6. 农村学校劳动教育的实践做法

"我希望孩子在学校好好学习，将来不要像我一样靠劳动挣钱！"这是我作为一名班主任常听到家长说的一句话。我所在的学校地处偏远乡村，家长们受教育程度普遍不高，他们不懂得劳动在学生成长中的重要性；不懂得学习也是学生的主要劳动之一；不懂得劳动有强体、增智、育美和树德的价值；更不懂得未来的社会缺少的正是具有综合素质的劳动者。他们朴实地希望自己的孩子不要再靠出力去生活，极尽所能地为孩子创造物质条件，代替他们做所有的事。所以他们外出打工，为了孩子拼命挣钱，将对孩子的所有期望和教育责任都交给了老师。

那么，作为老师的我们扎根于农村教育这片热土上，与学生一起用劳动的画笔描绘他们成长的蓝图，就变得意义非凡了。

育人理念

借助形式多样的劳动，实现"以劳树德、以劳增智、以劳强体、以劳育美"的目的。

育人目标

德育目标：打造一个团结友爱、互助合作的班集体。让每一个孩子都能通过劳动培养责任感，懂合作，乐奉献，养成良好的劳动习惯。

智育目标：培养一群爱学习、会学习和乐学习的青少年。让每一个孩子都能通过劳动练就坚强意志，树立自信心，敢于拼搏探索。

心育目标：帮助孩子理解劳动的意义，热爱劳动，尊重劳动者。让他们都能通过劳动促进身心健康，热爱生活，珍爱生命。

班情分析

优势：农村学生朴实真诚，勤劳善良，能敏锐地感受到别人的善意，同时听从他们信任的人的建议；孩子们正处于青春期，自我意识不断增强，智力发展迅速，有较强的求知欲，并渴望被认可和尊重。

劣势：

1. 我的学生多为留守儿童和单亲儿童，父母外出打工或离异情况较多。这些孩子基本分为两种情况，一是被老人溺爱成以自我为中心的"混世魔王"；二是由于缺少关爱，性格懦弱，胆小怕事。他们很少能够得到品德和行为习惯方面的正确引导，缺少亲子间的友好交流。

2. 农村的家长不支持学生劳动，认为劳动就是狭义的体力活，不认可劳动的育人意义。家长的思想直接影响孩子的在校表现，劳动时偷懒、应付和抵触现象时有发生。

班级发展目标

初一：养成劳动习惯，强身健体，热爱劳动，主动参与家校劳动。

初二：体会父母的辛劳，发现劳动之美、劳动者之美，树立劳动观。

初三：在集体劳动中学习技能、合作、担当与奉献，形成社会责任感。

初四：在劳动中养成拼搏进取、吃苦耐劳的品质和严谨细致的态度。

实践做法

1.抓习惯，强身健体，主动参与家校劳动

初一年级的主要工作就是抓习惯、促养成。在农村，由于父母教育的缺位，很多孩子在隔代教育下缺少必要的指导与督促，完全没有自理能力，更谈不上主动参与劳动了。这种情况下，我在学生初一刚入学就狠抓劳动，帮助他们养成劳动习惯。我们是九年一贯制寄宿学校，学生的劳动养成是全方位的，包括书桌和座位的清洁整理、教室和寝室的卫生清理、本班分担区的维护和学校的一些临时性劳动任务。

初一开学，面对一群啥也不会干、啥也干不好的孩子，作为班主任的我头疼不已。为了解决这一问题，我按照组内异质、组间同质的原则将班级分成六个小组，并将一些不服从管理的学生平均分到各组，此后班级的一切考核都以小组形式进行。劳动时，组长负责督促，副组长负责记录，每次劳动选出擅长此项劳动的"指导员"。我们班有一名男孩，纪律、劳动、学习都存在一定问题，分组时我将他分到了班长那一组，于是我就常常看到这样的画面——平时和老师对着干的他，被严厉的班长训得老老实实。每当他在劳动过程中偷懒时，我就听到班长拉长声音叫他，然后就会看到他虽然无奈，但因为被关注而诚心改进的样子。类似的事情也会发生在其他平时不服从管理的学生身上，而他们也在小组成员的帮助下，在集体力量的感召和约束下逐步养成了良好的行为习惯。

为了提高学生参与劳动的积极性，我还开展了一系列的劳动竞赛活动，评出优胜小组，并给表现特别优异的学生家长发喜报。为了帮助初一孩子尽快适应住宿生活，我亲自去寝室教学生叠被子，同时发动高年级学生干部深入到寝室里带初一学生整理内务。我还组织了叠被子比赛，当时欢快的场面我至今仍然记得。

通过一系列的活动，学生们的变化显而易见。首先，他们通过劳动学会了自理，学会了互帮互助，小组长、副组长还学会了如何管理和带领团队；其次，各小组形成了集体主义观念，为了集体的荣誉分秒必争；再次，通过劳动，学生们明显长高也长结实了，食堂阿姨纷纷表示劳动后孩子们不但不挑食了，饭量还明显增大了；最后，学生们精神面貌发生了明显的改变，积极乐观、主动友善了，每当班级有劳动任务时都争先恐后地为自己的团队争取。当然，这些可喜的现象也被家长们看到了，孩子们回家后能够主动帮助父母做家务了，如洗衣、做饭、扫地、种园子、饲养家畜等。孩子们一点一点地改变着父母对劳动教育的偏见。

2.体辛劳，感受美好，树立正确的劳动观

初二是学生身体和心理迅速发展的一年，青春期特征明显，需要学校和家庭加强对孩子们的正确引导，帮助他们树立正确的人生观和价值观。

我班级的家长大都务农或者外出打工，学生们一边享受着父母给予的一切，一边又嫌弃着父母的职业。发现这一情况后，我没有直接说教孩子们，而是将他们带到了校田地，在农民的指导下，每个小组单位时间内完成一块地的备垄任务，没达到要求的重新返工。炎炎烈日下，孩子们叫苦连天，但我还是坚持和学生们一起将备垄任务完成了。坐在备完垄的地头，我给那些浑身泥泞、手脚起泡的学生们上了一节班会课——如何珍惜、尊重父母及其他劳动者的劳动成果、如何学会勤俭节约、杜绝一切铺张浪费等。

通过这次劳动，孩子们感受到了父母的辛苦，他们回到家，有的摸着父母起茧的大手默默流泪，有的为爷爷奶奶端来了洗脚水，有的默默做起了晚饭……

为了帮助学生形成正确的劳动观，我还专门为他们播放了纪录片《大国工匠》和《劳动铸就中国梦》。纪录片以故事的形式，生动讲述了中国人民是如何创造了我们美好生活的，向学生们展现了劳动的伟大、光荣和美丽。

此后，随着年级的增长，我带领学生插过秧、搬过砖、挖过树坑、清过雪，在保证学生安全的前提下，带领他们多流汗、多出力、多体验、多感悟，从而形成优良的劳动品质与正确的劳动观。

3. 促学习，服务集体，学会合作、担当、奉献

初三是学生学习能力和品行养成的分水岭，在这一年级的主要工作就是进一步强化团队意识，帮助学生形成以合作、担当和奉献为核心的社会责任感，让学生明白学习也是一项劳动，而且是学生最主要的劳动，而在劳动中养成的勤观察、善思考、重实践和能反思的品质也必将助力学生的学业进步。

我们学校每个班级负责一片花圃，学校提供秧苗，班级负责栽花、培土、除草、灭虫、浇水和施肥等工作。这可是个细致活，学生们由最初歪歪扭扭备垄，到用绳子拉出笔直的垄沟线；由最初深浅不一地栽花，到

能掌握刨坑深度；由一浇水就把花冲倒，到会掌握浇水力度和方向；由一除草除下去的就是花，到请教校工指导后再劳动；由嫌弃农家肥恶臭到学会发酵和拌上草木灰进行施肥等，学生们通过这项劳动任务学会了不断改进劳动方法、突破自我，学会了请教和分工合作，还懂得了做事要严谨细致、认真负责的道理。我想这些经历不但会帮助学生们更好地劳动，更会为他们以后的学习、生活打下坚实的基础。

我在班级一直传达给学生们的理念就是"我为人人，人人为我"，班级里的各项工作都安排到人，有摆放桌椅的同学，有扫地的同学，有收拾洗手间的同学等，让他们在各司其职中体会合作、担当与奉献精神。有些孩子的表现超出预期，让人感动。

小张家庭经济困难，他父亲病故，母亲残疾，所有费用都是通过学校、民政局和其他社会团体资助的。虽然他成绩不理想，但劳动非常卖力，他经常懂事地说："老师，我以后就得靠体力生活了！"班级各项脏活累活他都冲在前面，冬天清雪时他找到我说："老师，让女生回去吧，干不了啥，还挨冻！"

小王是个学困生，有一次下课同学们都出去玩了，他独自在班里拖地，我问他为什么这么做，他说："老师，我学习不好，总拖班级后腿，但我可以多干活，服务好大家！"

多可爱的孩子们啊！他们从来不邀功，但却用行动证明了他们的担当与奉献！此后的劳动中我不允许他们多干活，要求大家各司其职，公平劳动。但我会刻意教他们统筹、管理劳动进程，组织劳动纪律，希望两个孩子在未来能够成为具有多种能力的劳动者。

班级的劳动不仅限于校园内，我还会带着他们清理校门前的共青团路，让他们知道什么是公益劳动，什么是服务社会，在劳动中实现自己在社会中的价值。

4.磨意志，坚韧不拔，养成拼搏进取和吃苦耐劳的品格

陀思妥耶夫斯基曾经说过，只要有坚强的意志力，就自然而然地会有能耐、机灵和知识的。初四的学生将面临中考，顽强的意志和拼搏进取的精神对他们尤为重要。

学校楼后有一块难以清理的卫生死角，那里有积攒十几年的生活垃圾和建楼时的建筑垃圾。作为学校的政教负责人，分配各班劳动任务时，自然把难度大的工作留给了自己班。劳动前我问学生们："有没有信心完成劳动任务？怕不怕累？能不能做好？"学生们大声喊道："有！不怕！能！"学生们就如一群"小老虎"般扑向了劳动区域。劳动过程是艰苦的，孩子们不怕苦不怕累，利用两节课时间，终于将陈年的垃圾用丝袋子抬出了校园。看着清理干净的区域，他们都露出了开心的笑容。为了美化校园，我们班又在那里撒满了格桑花的种子，期盼春天种下希望，秋天能还我们一片花海。

学习是学生最主要的劳动，随着年级的增高、知识的深化，学生在学习上遇到的困难也就越来越多。比如英语单词、词组的背诵，语文古诗、文言文、字词的理解，数学、物理、化学题的运算等。我是一名英语老师，就英语学科而言，单词的掌握是一切英语学习的基础，初中课标要求学生掌握的3 000个单词对很多学生来说就是非常大的挑战，因为单词的掌握不仅要求会读、会写，还要掌握词性、词义和词的用法，否则背会单词也没有用处。我的做法是首先每天考单词，包括词性、近/反义词、词义和词组，这需要学生坚持不懈的努力。其次根据中考题型进行专项训练，用所给的单词

进行语法填空，这道题是中考试题中最难的一道题，学生在做这道题时常常做错。这就需要学生在不断的挫折中迎难而上，百折不挠。只有这样他们才能克服困难，形成坚强意志，坚韧不拔地面对生活和学习中的一切问题。

在我和学生们的共同努力下，通过形式多样的劳动体验，在"以劳树德、以劳增智、以劳强体、以劳育美"方面逐步达成阶段目标。在以后的劳动教育中要更加科学规范地设计、组织、开展劳动任务，从而保证劳动任务的安全有序进行；要进一步发挥集体的作用，发挥学生干部的组织协调作用，使学生能够自我组织、自我合作和自我管理；要深入挖掘劳动任务的育人价值，进一步培养学生吃苦耐劳、敬业奉献和服务社会的劳动品质。

7. "四步五育六法"

根据立德树人的根本任务、发展学生素养的要求、青少年的身心发展规律和农村学生的实际情况，我于2010年开始着手研究如何培养学生的良好品德与行为习惯，经过不断的提炼总结与实践反思，运用行动研究法、调查研究法和个案研究法，以柯尔伯格的道德发展理论、埃里克森的人格发展阶段理论、《中小学德育工作指南》要求、《中国学生发展核心素养》为理论支撑，最终总结出本研究成果——"四步五育六法"：学生良好品德与行为习惯养成策略。研究中我坚持以人为本，关注学生情感体验，通过做、学、评、思四步，帮助学生德、智、体、美、劳五育并举，通过课程、文化、活动、实践、管理和协同育人六种方法，帮助学生形成良好的品德与行为习惯。

设定不同学段目标，明确学生发展方向

根据现有的德育政策、学生核心素养要求、学生的身心发展特点和我校的校情与学情，我们设置了不同学段的德育发展目标。

文化 基础	初一：学习中外文化知识，自尊自爱，尊重他人，形成人文思想。
	初二：在人文知识的基础上，形成健康的人格、审美与价值取向。
	初三：科学鉴别人文思想，独立思考，掌握认识事物的方法原理。
	初四：以人为本，形成逻辑、辩证和创新思维，具有探索精神。
自主 发展	初一：养成良好的学习、生活、行为习惯，参加体育锻炼与简单劳动。
	初二：掌握学习方法，形成积极的心理品质，自信自强，树立劳动观。
	初三：学会审视、反思所学知识，矫正学习习惯。
	初四：多渠道获取知识，评价所学，善于总结归纳，正确认识自我，明确发展方向。
社会 参与	初一：尊师孝亲，学习、传播中华优秀文化，热爱祖国，形成公民意识、环保意识等。
	初二：形成集体主义观念，互助合作，遵守社会公约良俗，了解国史、党史。
	初三：崇尚民主、平等，热心公益，有法治观念，形成"四个自信"。
	初四：坚持以习近平新时代中国特色社会主义思想为指导，在国家认同的基础上有人类命运共同体观念。

使用不同的方法，内外化德育于心与行

本研究认为学生的发展具有阶段性和不平衡性的特点。"知、情、意、行"也并不是完全按照既有顺序进行发展，教师培养学生良好品德和行为习惯需要因人而异，采取不同的教育方法。总结下来有以下几种：

1. 说服教育法

通过语言交流、肢体动作等使学生明晓事理，分清是非，提高道德认识。说服教育要有针对性和时效性，注意规范语言、避免掺杂个人感情。

2. 榜样示范法

以伟人和先进人物的高尚情操、模范行为、优秀事迹等来影响学生，引导其树立正确的价值观和行为准则。注意教师自身的榜样作用，选择的榜样要符合学生的年龄特点，与时俱进。

3. 情感陶冶法

创设情景，潜移默化地影响学生品德的形成。过程中要注意创设适宜的良好情景，启发说理相结合。

4. 品德评价法

按照标准对学生的言行做出判断，评价主体多元化，形式多样化，可以是奖励、惩罚、操行评定等。注意要以鼓励、表扬为主，惩罚、批评为辅，做到客观、公正和民主。

5. 自我教育法

在教师的启发和引导下，学生自主提出发展目标、方法措施，教师辅以技术指导。

6. 实践锻炼法

有计划地开展主题活动，培养品德，养成习惯。过程中要注意调动学生的主动性，注意检查与评价。

尊重学生发展规律，和谐各种德育影响因素

1. 中学生的身心发展特征

中学生身体机能进一步发展，生理逐步趋向成熟；性发育成熟。学生的心理发展具有闭锁性、过渡性、动荡性和社会性的特点。智力发展迅速，思维开始具有深刻性、独立性和批判特征，喜欢思考和质疑；能力、气质、性格等个性心理特征形成，兴趣、理想、信念、世界观等逐步树立。

2. 中学生的身心发展规律

中学生身心发展规律的顺序性决定我们的教育要循序渐进，阶段性决定我们的教育要具有针对性，不平衡性决定我们的教育要抓住关键期，个体差异性决定我们的教育要因材施教。

规范"做—学—评—改"方式，凸显学生主体地位

1. "做"就是按照方案有序落实具有主题意义的德育工作，以学生为主体，强调过程与反馈，并以总结的形式考察育人价值的实现。

2. "学"就是"做中学，学中做，知行合一"，在实践中探索、体验和分析，掌握知识和技能，在学中注重学生意志、气质、性格等的培养和对所学知识的积累、深化与生成。

3. "评"主要指形成性评价，要求主体多元、形式多样、内容全面和目标多维化，注重发挥评价的激励功能，促进学生发展与成长。

4. "改"就是学生通过做、学、评的过程，内化自己的品德与行为，自觉地将道德认知与情感上升为道德意志与行为。

完善德育培养途径，体现德、智、体、美、劳全面发展

1. 课程育人

课程育人有两个途径：校本课程和学科融合课程。我校的校本课程分年级设置，初一是传统文化教育，初二是大庆精神教育，初三是雅韵书香律动校园德育活动，初四是心理健康教育。如在雅韵书香律动校园德育活动的开展中，我校利用走廊布置展板，开展主题系列活动等。学科融合课程方面，我校整合学科资源，发挥课堂的主渠道作用，挖掘课程思想内涵。如利用历史课进行专门的党史教育，开展以学党史为主题的德育活动；利用英语课进行文化品格教育，使学生树立人类命运共同体观念。

2. 文化育人

本研究成果所说的文化育人指校园环境文化建设。我校的特点是"一楼一品"：一楼是行为习惯主题，二楼是传统文化主题，三楼是大庆精神主题，四楼是雅韵书香律动校园主题。主楼梯分为雅言、雅行、雅志三个主题，侧楼梯布置为肇源的风景掠影。我校各班同样根据一定的主题进行班级文化建设，传递共同的价值观，建立生活共同体。

3. 活动育人

我校的活动育人指开展丰富多彩、具有主题意义活动，以鲜明正确的价值导向引导学生，以积极的力量激励学生，从而促进学生良好的品德和行为习惯的形成。开展入团、入队、升旗等各类仪式，开展节日和纪念日活动，举办艺术节和运动会等，结合我校特色和校情，有的放矢地对学生进行思想教育。

4. 实践育人

我校的实践育人指学生参与公益实践活动和校内的劳动实践活动。

我校地处偏远乡村，大多学生家庭情况比较特殊，学生缺少劳动教育和劳动观教育。为此，我校确定了劳动教育理念：借助形式多样的劳动，实现"以劳树德、以劳增智、以劳强体、以劳育美"的目的。分年组制定劳动教育目标，深化劳动实践做法：抓习惯，强身健体，主动参与家校劳动；体辛劳，感受美好，树立正确的劳动观；促学习，服务集体，学会合作、担当、奉献；磨意志，坚韧不拔，养成拼搏进取和吃苦耐劳的品格。

5. 管理育人

管理育人指三个层面：学校管理、班级管理、学生自我管理。学校管理：我校制定严格的管理制度，领导分工和教师分工，大家各负其责，实行师德师风"一票否决制"，使教师既有努力的方向，更行有所止。班级的管理：我校制定出具有本班个性特色的标志、名称、班风口号、目标和管理制度，落实人人有事做制度，从而提升学生的自主管理能力。学生自我管理通过组建学生会组织，由学生负责学校的纪律、卫生和考勤管理，帮助学生形成自我管理的意识和能力。

6. 协同育人

我校在协同育人方面的具体做法：成立家长委员会，监督并参与到对学生的教育中来；举办家长会，促进家校合作；开展特色活动，融洽家教关系；搭建交流平台，实现家校无障碍沟通。

尊重学生身心发展规律，遵循德育实践原则

1. 导向性原则。进行德育活动时坚持正确的政治导向，与社会主义核心价值观和现实生活相结合，让学生看到最近发展区。

2. 疏导原则。要求教师要循循善诱，以理服人，提高学生认识，使其主动参与。坚持正面教育，以激励为主。

3. 尊重学生与严格要求学生相结合的原则，要求严爱适度，尤其是对待学困生。

4. 知行统一原则。要求既要重视理论教育，又要重视实践锻炼，使知行合一。教师尤其要以身作则，严于律己。

5. 正面教育与纪律制度约束相结合的原则。

6. 依靠积极因素，克服消极因素影响的原则。客观分析学生的优缺点，将学生思想中的消极因素转化为积极因素，帮助他们克服缺点，发扬优点。

7. 教育影响的一致性与连贯性原则。德育工作中应主动协调多方面的教育力量，如家长、科任教师和社会的相关力量，发挥教育的整体功能。

8. 因材施教原则。要求根据学生的年龄特征和个性差异有的放矢地进行教育。

立德树人是我们教育的根本任务，我们肩负着为谁培养人、培养什么人、怎样培养人的重大责任，在教育教学过程中要不断创新德育方式方法，遵循学生身心发展规律，运用"四步五育六法"培养学生良好的品德与行为习惯，从而培养德、智、体、美、劳全面发展的社会主义接班人。

8. 初中学生班级自主管理策略

新课程改革的核心理念有这样两项重要内容：一是"以人为本""以学生的发展为本"是课程改革的出发点。二是民主化是建构新型师生关系和课程管理体制的牢固基石。这两项课程改革的核心理念为我们的班级自主管理研究提供了方向。2014年，教育部研制印发《关于全面深化课程改革落实立德树人根本任务的意见》，提出教育部将组织研究提出各学段学生发展核心素养体系，明确学生应具备的适应终身发展和社会发展需要的必备品格和关键能力。核心素养以培养"全面发展的人"为核心，分为文化基础、自主发展、社会参与三个方面，其中自主发展、社会参与两个方面也为我们的班级自主管理研究提供了理论依据。

我校是一所普通的农村学校，其中有一半的学生是留守儿童，与爷爷奶奶或者姥姥姥爷一起生活，父母都在外地打工。这样的孩子具有以下特点：一、自理能力强；二、个人行为习惯和学习习惯不好；三、渴望关爱信任，内心敏感尖锐，但坚强勇敢。这样的孩子所表现出来的状态就是学习成绩不稳定，不能遵守校规、班规，常常大毛病不犯，小毛病不断。而班主任一旦能够触动孩子内心，并持续关注孩子成长，他们便会持续进步，且懂得感恩。这就要求班主任的工作要有技巧，不能简单粗暴地处理问题。那样会导致学生的幸福感缺失，激发他们的叛逆心理——被动学习、被动接受管理、缺乏进取心、缺乏创造力，甚至会消极抵抗班级的管理，可以说是师生"双输"。正是在这种形势下，我进行了班级的自主管理研究，就是班级学生民主推选班委、团委，民主制定班规，全体同学在班规、评价制度约束下，自主管理、自主评价、自主监督，发挥学生自主能动性，挖掘学生各方面潜能，提高班级管理模式。近年来，我在班级自主管理的研究中又加入了新的元素，那就是以小组为基本单位进行班级管理模式的探索和研究，并取得了一定的成果，从而让班主任不再孤单前行，把幸福感、轻松感、自由感还给科任老师和学生。

常务班委会和值日班长轮流制相结合

民主选举班级常务班委会，包括班长、学习委员、体育委员、文艺委员和劳动委员。明确常务班委会的职责：

班长：1.抓班级整体工作；2.代表班级与学校上级部门及其他班级沟通；3.召开班委会决策本班事宜；4.协调其他班级干部的工作；5.及时观察班级班风情况，并召开班会及时整改。

学习委员：1.与科任老师沟通，协调科任老师与学生之间的关系；2.主持班级每日一考；3.观察班级学风，召开小组长会议或者报请班长召开班会整改；4.考试后做质量分析；5.收发作业。

体育委员：1.组织班级的两操活动；2.组织学生参加运动会和其他体育

活动；3.活动课上组织学生自由活动，并保证安全；4.协调与学校的体育活动相关事宜。

文艺委员：1.组织班级的每日一歌；2.组织学生参加文艺活动；3.协调与学校的文艺活动相关事宜。

劳动委员：1.组织学生进行分担区清理；2.组织学生参加学校临时性的劳动任务；3.安排值日生工作，并及时调整；4.协调与学校的劳动活动相关事宜。

值日班长轮流制：由全体学生轮流做值日班长，培养学生的主人翁意识，同时让学生体验班干部的角色，从而在日后的班级管理中能够换位思考，自觉投身到自主管理中去。

值日班长的职责有：1.将当天的出勤、上课情况、违纪情况等记录在班务日志上；2.维护自习、课间纪律；3.协助常务班委会开展活动；4.在黑板上书写每日格言；5.组织召开每日的五分钟晨会和五分钟晚检；6.给出当天班级管理补充意见。

合理组建班级小组，个人考评与组间考评相结合

心理学认为，群体对个体心理和行为的影响表现在使个体之间产生归属感、认同感和得到支持的力量。而我们又处于这样一个竞争与合作的社会，任何人都处在竞争与合作之中，所以我采用了小组组内合作和组间竞争的方法进行班级自主管理。小组内的合作与竞争是立体全方位的量化管理，包括学生在校的一切情况——卫生、纪律、出勤、学习、作业完成情况等各个方面。各组记录员由于组间竞争将如实记录学生们的得分情况。

具体做法如下：

1. 采用组内异质、组间同质的方式合理分组。即采用互补式，将思想品质、文化成绩、行为习惯优秀的同学与表现中等和较差的同学调配在一起，全班划分为六个小组，使每个小组之间"同质化"，从而便于组内合作和组间竞争。

2. 选择领导力、执行力、融合力强的小组长，组长的选择上不强调成绩的最优，要选择符合以上条件的人选，从而带动全组参与竞争与合作。

3. 组内分工明确，各负其责。每个小组都要设组长、记录员（记录其他组得分和扣分情况）、汇报员（代表本组对外发布内容）、卫生负责人、纪律负责人、材料员（收发作业等相关材料）。

4. 组内合作，组间竞争方式多样，个人考评和组间考评相结合。小组内互帮互助，增强学生的集体主义观念，培养合作意识，小组成员为了小组的荣誉紧密配合。组间竞争采取课节评、日评、周评、月评和学期评相结合的方法。每节课都评出精彩之星、进步之星、合作之星和管理之星。每天都会有小组的记录员记录下所有学生的得分情况，做到天天计量化、周周插红旗、月月送喜报、年年有评价。评选出优秀个人和优秀小组，同时颁发喜报和奖状，并在班级进行公示。

人人有事做与事事有人管相结合

自主班级管理倡导学生人人有事做、事事有人管。鼓励除常务班委会以外的其他同学人人承包班级一件事。久而久之，班级每个人都有负责的事，每个人都以主人翁的精神去看待班级事务，有了责任感的同学们还会互相提醒督促班级的其他工作进行。如：班级的门窗、电源、电脑、花木、书架、桌椅等都有专人负责。

民主制定班规与民主决定奖惩措施相结合

我们依据《中学生守则》和《中学生行为规范》，结合学校《日常考核细则》，制定了一整套科学合理、全面可行的班规。包括文明、安全、学习、纪律、卫生等各方面，使班级管理目标、活动、评价、反馈等方面有章可循，避免了班级自主管理中的盲目性和随意性，实现了班级事务组织、管理、教育的规范化、自主化。在每周一的班会上总结周考核，表扬先进，共同制定惩罚措施。

班级物质文明建设与精神文明建设相结合

班级的物质文明建设指班级环境整洁干净，学生们处于这样的环境中会不自觉地规范自己的个人行为。而班级的精神文明建设则会引导学生向着更加完善的人去发展。物质文明和精神文明相辅相成不可分割。我们依托班级的班团会和活动课开展丰富多彩的活动，打开学生视野，潜移默化中引导学生向着真善美去发展。如：开展"谢谢你"活动，每个人给那个最想感谢的人写一封信；开展"最闪亮的你"活动，确定一个学生，全班同学去发现他身上的闪光点，树立孩子的自信心，帮助其他孩子发现美；开展"九一八"爱国主义教育，引导学生不忘国耻、奋发图强。开展社会主义核心价值观教育，让学生在生活中寻找社会主义核心价值观的具体体现，把教育落到实处。类似的活动有很多，班级管理的最终目的是建立和谐民主、开放自主的班集体，培育具有自我发展、自我完善能力的符合社会主义主流思想和国际视野的接班人和建设者。

班级评价体系要求与现代教育理念和本班本校实际相结合

引导学生以日、周、月和学期末考核分数为依据，科学地评价班级自主管理过程中出现的问题和自身的问题。采取自我评价、学生互评、老师评价和家长评价相结合的方式，引导学生树立正确的人生观、价值观，做一个符合社会主义核心价值观的新时代学生。

1. 天天记量化：值周班委根据班级综合素质量化规则，对每位同学的学习、生活、行为活动进行量化记录，在班会上对综合素质表现进行量化汇总、统计、反馈。

2. 周周插红旗：值周班委在班会上进行周量化的汇总和反馈，进行周反思，为综合素质各方面表现优秀的同学插红旗。

3. 月月送喜报：班委会根据值周班委的周综合素质的量化汇总，在班会上进行月综合素质的量化总结，进行月反思，为综合素质表现优秀的同学送喜报。

4. 年年有评价：班委会、监督委员和班主任在学期末，根据学生每天、每周、每月的综合素质量化进行综合评价汇总，填入学生的综合素质评价表。

学校教育与家庭教育相结合

我们成立了家长委员会。班级建立家长微信群，老师与家长及时沟通和联系，平时多家访，拉近与家长的关系，消除隔阂，家校合力，共同致力于学生的各方面教育。每学期至少召开一次形式多样的家长会。不做一言堂，与家长平等相处，推心置腹，发现问题，及时整改。

9. 教学相长，成就更好的我们

教学主张是教师专业发展过程中，基于自身教学实践和对教学的理性认识提炼总结的个体对教育教学的核心观点。作为一名工作了近三十年的省骨干教师，我的教学主张是逐步树立起来的。我将自己的教学主张命名为"教学相长，成就更好的我们"。我觉得教育的过程既是学生们自我建构的过程，也是教师通过教学实践不断完善和发展自己的过程，更是只有教师与学生双向奔赴才具有意义的过程。

夸美纽斯说："教师是太阳底下最崇高的职业。"作为一名省"十百千"骨干教师，我无比坚定自己作为教师的信仰，同时又五味杂陈。回顾自己对教育事业、对学生、对自己教师身份和对教学的理解，我认为我经历了以下几个阶段。

第一阶段：简单而热情的教坛新秀

有一首歌叫《长大后我就成了你》，从小我就认为老师就是权威，是正义和知识的化身，一直渴望做一名老师。初为人师，我战战兢兢地走上讲台，会因为领导、同事、学生的一句话、一个表情红了眼眶或者欢欣雀跃，会因为学生成绩不好而束手无策。记得那时初做班主任的我第一次接手升旗的任务，却因为音响的问题，没有完成任务而哭了好长时间。但最后我擦干眼泪，更加细致地为下一次升旗做准备。那时的我对教育是单纯的新鲜、敬畏与热爱，没有对教育、对学生、对教师和对教学做深层次的思考，简单而机械，热情而执着地躬身于教育教学一线实践中。

第二阶段：执着而困惑的高级教师

这一阶段随着我对教育教学工作认识的不断深化，对教育事业的不懈追求和持续努力，我从一名教坛新秀成长为一名高级教师。

在教育观方面，我对教育的本质、教育的目的、教育的功能和我国当前的教育方针政策都有了一定的认识，也更加明确了我国素质教育的基本内涵与实施路径。刚踏上讲台时朴素地想提高学生成绩，认为让他们考入重点高中和遵守学校的规章制度就是教育，但现在我更加关注"人"，也就是为谁培养人，培养什么人，怎样培养人。

在学生观方面，能够认识到学生是发展的人、独特的人和具有独立意义的人，能够承认学生的个性差异，遵循学生的身心发展规律，公平公正地对待每一个学生。我记得初为人师的前几年，几乎疾恶如仇地对待那些不学习的学生，但现在能够平等地看待所有的孩子，理解他们的个性差异，寻找他们身上的闪光点。我有一个叫宋丹丹的学生，她可爱活泼，却经常违反纪律。几番劝导都不见效后，我主动接近她，发现她能歌善舞，乐于助人，最难能可贵的是，这个孩子能发现班级问题，还能提出解决办法。于是，我刻意安排了很多她擅长的工作给她做，并及时鼓励和表扬她，同时督促她养成良好的学习、行为习惯。感受到我的关心后，她哭着对我说："老师，多亏有您，本来我都不想继续读书了。"现在这个孩子已经考入了艺术学校。

在教师观方面，随着时代的转变，我能够随着学习与实践的不断深化认识到教师应该是学生学习和发展的促进者，是课程的建设者和开发者，是教育教学的研究者。日常工作中要注重对学生的尊重与赞赏，教学中强调帮助和引导，工作中注重反思和加强与其他教师的合作，要做社区型的开放教师。

在教学观方面，认识并逐步在教学中实现从"以教育者为中心"转向"以学习者为中心"，从"教会学生知识"转向"教会学生学习"，从"重结论轻过程"转向"重结论的同时更重过程"，从"关注学科"转向"关注人"。

在学习观方面，能够掌握一定的学习理论，如学习实质、学习分类、学习动机、学习迁移和学习策略等，并系统学习了行为主义学习理论、认知主义学习理论、人本主义学习理论和建构主义学习理论。

在德育观方面，在学习与实践过程中，我明确了德育就是按照一定社会阶级的要求，有目的、有计划、系统地对受教育者施加思想、政治、道德的影响，通过受教育者积极的认知、体验、身体力行，形成自己的品德和自我修养能力的教育活动。明确了学校德育教育的主要内容是爱国主义教育、理想教育、集体主义教育、劳动教育、人道主义与社会公德教育、自觉纪律教育、民主与法制观念的教育、科学世界观和人生观教育。进一步明确了德育教育的原则：长善救失原则、疏导原则、导向性原则、因材施教原则、知行合一原则、正面教育与纪律约束原则、集体教育与个别教育相结合原则、严格要求与尊重学生相结合原则和教育影响一致性与连贯性原则。明确了德育教育的方法：说服教育法、榜样示范法、情感陶冶法、品德评价法、自我教育法、实践锻炼法。我们的德育观充分尊重了学生的主体地位，真正地关注每一位学生，关注学生的情绪和情感体验，关注他们的道德和人格养成。把促进学生健康成长作为一切教育教学活动的出发点和落脚点。尊重个体差异，促进学生全面发展，立德树人，培养德、智、体、美、劳全面发展的社会主义建设者和接班人。

综上所述，可以说这一阶段是我孜孜不倦地学习与成长的阶段，我掌握了一定的教育教学方法和理论，在教学上、个人成长上都有了长足的进步。但是随着学习和实践的深入，我也越来越困惑于如何将所学到的理论与实践相结合的问题：如何根据校情和学情，因势利导地实施素质教育；如何团结一切教育因素和组成部分更有效地促进学生发展和进步；如何打破自己知识和认知的壁垒，克服自身局限性，更好地教书育人；如何真正地让理论指导实践、联系实践和作用于实践；如何克服职业倦怠，持续地投入教学研究与实践中……随着教育教学工作的持续开展，这些问题也不断地困扰着我，督促我更加努力工作以便寻找答案。

第三阶段：坚定而笃行的骨干教师

"行远自迩，笃行不怠"，多年的教育教学实践使我先后被评为市教学能手、市骨干教师、市教学名师、市英语兼职教研员、市优秀班主任、市优秀德育工作者、省骨干教师和省优秀教师……荣誉代表过去，却也印证了我成长的足迹。在工作中，我没有殷实的物质生活，但精神世界却无比充实。因为我有关心我的组织，有我所热爱的教育事业，有那些相互扶持、风雨与共的同事，有那么多可爱的学生，我们彼此信任，相互依赖。正因如此，我以自己是一名人民教师而感到无上光荣，也无比幸福，更乐于将这份幸福传递下去，从而坚定自己的职业信念，教学相长，在成就学生的同时，也成就自己。

"大道至简"，经过二十多年教育教学实践的淬炼、教育教学理论的学习，在不断地克服教育教学问题的过程中，我明白了一个道理：教育就是使学生和老师都成长为更好的自己。"尽小者大，慎微者著"，要想成为一名为祖国培养接班人的良师，就要做一个思考者、一个实践者、一个创新者、一个研究者，做好自己身边的每一件小事，从中感受到幸福、鼓舞与激励，再用这份情怀去感染带动自己身边的每一个人，就会实现教学相长，使每个人都成为更好的自己！